微信 · 微博 · 微电影 · 微小说 · 微视 · 其他

微传播时代的媒体生态

WEICHUANBO SHIDAI DE
MEITI SHENGTAI

陆高峰◎著

知识产权出版社
全国百佳图书出版单位

图书在版编目（CIP）数据

微传播时代的媒体生态/陆高峰著．—北京：知识产权出版社，2015.12

ISBN 978-7-5130-3416-6

Ⅰ．①微…　Ⅱ．①陆…　Ⅲ．①传播媒介—批评—文集　Ⅳ．①G206.2-53

中国版本图书馆 CIP 数据核字（2015）第 070358 号

内容提要

微博、微信等微传播工具的出现使我们进入了一个微传播时代。新的媒介技术和媒介形态，不仅深刻地影响着我们的生活，也极大地改变了原有的媒介生态和舆论生态。

作者利用新闻传播学、社会学、心理学等专业理论，从“新闻人的生态危机”“舆情监测与虚拟社会管理”“新闻发布与新闻发言人”“新旧媒体的冷与热”“大数据时代的受众”“媒介的法制与伦理”“新闻传播学遐思”几个方面，对微博、微信、移动互联网、谣言治理、舆情监测、电视娱乐节目、新闻发言人的素养、媒介体制改革等诸多新闻传播热点问题和新闻人、媒介、受众、传播内容、政府、传播学教育及其之间的相互影响与关系，做了多维度的反思，进行了较为深入的剖析。

书稿语言深入浅出，可供新闻传播研究学者、媒介从业人员、政府新闻发言人和关注新媒介发展的社会人员阅读与参考。

责任编辑：蔡　虹　　　**执行编辑**：陈晶晶

责任出版：孙婷婷

微传播时代的媒体生态

陆高峰　著

出版发行：知识产权出版社有限责任公司　　**网　　址**：http：//www.ipph.cn

社　　址：北京市海淀区马甸南村 1 号　　**邮　　编**：100088

责编电话：010-82000860 转 8391　　**责编邮箱**：shiny-chjj@163.com

发行电话：010-82000860 转 8101/8102　　**发行传真**：010-82000893/82005070/82000270

印　　刷：北京中献拓方科技发展有限公司　　**经　　销**：各大网上书店、新华书店及相关专业书店

开　　本：720mm×960mm　1/16　　**印　　张**：16

版　　次：2015 年 12 月第 1 版　　**印　　次**：2015 年 12 月第 1 次印刷

字　　数：250 千字　　**定　　价**：48.00 元

ISBN 978-7-5130-3416-6

序　言

被微传播改变的日常生活与媒介生态

“随风潜入夜，润物细无声。”微传播的“细雨”，正随着移动通信和新媒体技术的快速发展无声地潜入我们的生活，在改变着传统媒体生态环境的同时，也在不知不觉中改变着我们的生活。如今，从儿童到老人，从城市到乡村，从官员到百姓，人不分老幼，地不分南北，只要你还有连接社会的热情和需要，就几乎难以逃脱微传播的浸润。

南京大学艺术研究院周宪教授在其《时代的碎微化及其反思》一文中，描述了他几个月前参观腾讯公司深圳总部时感受微传播“令人震惊”的情形。“在那座摩天大楼式的总部二楼，有两块巨大的 LED 显示屏，向来访者叙说着腾讯正在如何改变世界。一个显示屏上正显示当时有3. 8 亿微信用户在线，星星点点不停地在五大洲闪烁；另一个显示屏上显示的是当时有 1. 2 亿 QQ 用户在线，星罗棋布在世界的不同地方。”

中国新闻工作者协会首次发布的《中国新闻事业发展报告》数据显示，微博、微信等成为使用人数最多、传播力最强的新媒体形态。目前，中国微博账号数为 12 亿左右，去掉各微博重复注册的账号数，中国微博用户规模为2. 75 亿，网民使用率为43. 6%。其中，手机微博用户数为 1. 89 亿，使用率为 35. 8%。微信用户账号突破 8 亿，月活跃用户接近 4. 38 亿，已经覆盖全球 200 多个国家和地区，发布超过 20 种语言版本。在微信平台上，已开通的公众账号超过 580 万个。移动即时通信工具用户账号总数也已突破 10 亿。

无论是从用户总体规模，还是实时在线人数、时长以及每天的信息推送量，微信、微博等微传播工具已经成为我们日常重要的生活乃至生产工具。

在现实生活中，微信、微博不仅成为人们须臾不离的获取信息、监视环境、交流情感、沟通意见、分享新知的信息工具，同时也是人们出行参考、购物支付、金融理财、休闲娱乐、工作协调、生产调度、产品营销、举报投诉、参政议政、教学授课等方面的生活、学习和工作伴侣。有的高校老师，甚至将微博、微信作为学生上课考勤签到的工具。微传播几乎已“入侵”我们生活的方方面面。

不仅如此，微传播还是当前用户使用黏度极高的生活工具。据中国互联网络信息中心2014年7月发布的调查数据显示，31.4%的微博用户会每天使用微博，其中，新浪微博用户每天登录的比例是40.7%，另外有近25%的用户每周会登录微博2次以上。从每次的使用时长来看，34.4%的用户每次登录的使用时长在11～30分钟之间，另有24%的用户每次登录的使用时长在半小时以上。从微信的使用频次来看，31.4%的用户每天都使用微信，此外有24.9%的用户每周使用两次以上。

微博、微信每日推送的信息量也能从一个侧面，验证人们日常生活和工作与微传播的“亲密关系”。据人民网发布的2014年中国互联网舆情分析报告所引用的来自政府网络管理部门的数据显示，微信日均发送信息高达160亿条，QQ日均发送信息60亿条，手机客户端日均启动20亿次，新浪微博、腾讯微博日均发帖2.3亿条。

一些政府部门和组织机构，也把微传播作为沟通民意、政务公开、办事服务、网络问政以及公益慈善、品牌和形象塑造等工作的工具。有资料显示，目前仅经新浪、腾讯、人民、新华4家网站认证的政务微博账号就有25万多个，政务微信公众账号总数超过6000个。政务微传播的运用，极大地拉近了政府机构与公众的距离，为沟通民情民意和做好便民服务工作开通了新的渠道。

微传播不仅改变着我们的生活和工作，也在不断改变着媒介的生态。微传播的发展“蚕食”着传统媒介的生存和发展空间，不仅传统媒介的用户大量流失，而且经济效益也随着用户和广告的流失在不断衰减。传统媒体所占的市场份额，已经逐渐被以微传播为代表的新的传播媒体所侵占。据《2014中国传媒产业发展报告》统计，2013年中国传媒产业总体规模达8902.4亿元，同比增长16.2%，其中移动互联网对传媒产业增长贡献率达到30.3%。这种“入侵”，必然使得传统媒介的生存环境和传统媒介人的从业生态更加艰难。在笔者撰写本序言时，就传来了搜狐网内容线将紧急大幅裁员的消息。

微传播在不断“入侵”传统媒介生存空间的同时，也在不断革新，甚至颠覆传统媒介的生产方式。传统媒介依靠自身记者、编辑为主体的传统生产方式、依靠发行和推介为主要手段的信息产品营销方式已经被微传播全新的依靠用户自助生产、自助分享的“众筹”式信息生产和交流方式所取代。不仅信息产品的生产和营销成本大大降低，而且时效性和传播效率有了巨大提高。

从社会发展来看，微传播信息生产方式的变革，其更重要的意义还不在于信息生产经营成本的降低，而在于对传统信息生产模式的信息来源单一化、同质化和普通民众话语权缺失的突破。微传播的出现，每一个人都可以拥有自己的“麦克风”，从而使得广大“草根”有了更多的发声机会。虽然很多时候从这种大多数普通人的“麦克风”或“自媒体”发出的声音还很微弱，甚至很难称为媒体，但是在一定程度上，微博、微信等微传播形态的出现改变了以往普通人缺少接近媒介、使用媒介的机会。这必然在一定程度上影响着社会生活，包括政治生活的进步。

随着经济社会的发展，人们的生活节奏也在不断加快，生活、工作之余的闲暇时间日益出现“碎片化”“微细化”的倾向。微传播的出现，不仅契合了人们快节奏生活中空闲时间零散、微细的需求，也迎合了人们获取信息便利、快捷和省时、省力的心理需求。与此同时，经济社会的发展，也使人们的参与意识和自我实现意识不断增强，微传播的出现同样满足了人们参与社会生活、政治生活的愿望及不断提高对于信息多样化和政治透明化的需求。从这些意义来看，微传播不仅是我们生活中防不胜防的“入侵”者，也是我们生活中应该主动拥抱的“客人”。

本书在出版和内容写作与研究过程中受到了国家社科基金一般项目

“微信舆论的传播特征、机制及舆论生态多维治理研究”（项目号：15BXW055）、中国博士后科学基金第5批特别资助项目“微博舆论的生成、扩散特征、机理与模型研究”（项目号：2012T50481）、浙江省社会科学界联合会研究课题“微信舆论的传播特征、机制、模型及测量控制理论研究”（项目号：2014N151）、浙江理工大学科研启动基金项目“制度与技术转型期的新闻出版人职业发展研究”（项目号：13122189－Y）等科研项目的研究资助。特此致谢！

陆高峰

2015 年 1 月

目　录

第一章 新闻人的生态危机

在新的媒体技术快速发展和媒介体制市场化急遽变革的双层冲击下，处在技术与制度转型十字路口的新闻人的从业生态出现了前所未有的局面。一方面，一部分新闻人在各种利益诱惑面前忘记了自己的责任和初心，有的公然将新闻报道和舆论监督当作自己“寻租”“变现”的手段，有的则在职业和生存压力面前另辟蹊径，以良知、青春和“姿本”换出路，更多的普通新闻人只能默默承受媒体发展与转型的重压，以牺牲健康和青春赌明天。另一方面，社会对新闻人的职业评价和宽容度并不乐观，由新闻采访、报道引发的冲突时有发生，从言语辱骂到拳脚相加，打骂、攻击新闻人的事件屡见不鲜。出现这些问题既有社会生态恶化的原因，也有新闻人自身素质不足的因素。

新闻人的生态危机

媒体在2014年4月14日一天之内报道的两条关于新闻人的新闻，使得新闻人的生态问题再一次令人惊叹、深思。一条是关于妈妈是社长、女儿是总编辑、爸爸是新闻部主任，被称作家庭式办报的《中国特产报》，因其内部管理混乱、多名记者参与新闻敲诈，被国家新闻出版广电总局吊销了报纸出版许可证的新闻。另一条是中央电视台综合频道在晚间新闻栏目中播出了年仅31岁的南方都市报珠海新闻部记者过国亮，因患肝癌晚期医治无效病逝的消息。

本来被认为是“铁肩担道义”，被称作“无冕之王”，在西方和传统印象中享有极高社会地位和责任的新闻人，如今，竟“分裂出自己的对立面，变为了外在的异己的力量”，成了一个具有哲学意义的“异化”问题。新闻人不但没有益于社会，反而成为危害社会的异己势力，或敲诈勒索，或造假传谣。不仅如此，新闻人也没有有益于主体的自我实现，却成了自我的终结者。他们或者身陷囹圄，乃至全家沦陷；或者透支生命，严重的英年早逝。

上述两条关于新闻人生态的新闻并不是个案。仅在2014年3月31日，国家新闻出版广电总局就一次公布了2013年以来查处的8起典型新闻敲诈案件。其包括：《中国特产报》及其记者从事违法经营活动，《中国经济时报》及其记者利用新闻采访报道牟取不正当利益，《西部时报》及其记者利用职务便利牟取非法利益，《企业党建参考报》及其记者违规采访、乱设机构，《今日早报》记者金侃群利用职务之便非法受贿，《都市快报》记者朱卫利用职务之便非法受贿，《杭州日报》记者杨剑利用职务之便非法受贿，《证券时报》记者罗平华通过索要“封口费”进行敲诈勒索。

关于新闻人生理、心理亚健康、疾患、自杀、英年早逝的新闻也频频发生。仅在2011年5月，媒体就曾报道了一周内3位新闻人英年早逝的消息。分别是：5月23日，28岁的郑州电视台政法频道记者刘建突发心肌梗死，病逝；5月22日，31岁的《深圳晚报》女记者黄蕾因患癌症，病逝；5月18日，36岁的央视财经频道资深编辑马云涛因患胃癌，病逝。印象比较深的还有因“挟尸要价”摄影引起广泛争议并因此获得过“金镜头”奖的摄影记者张轶，因患肝癌医治无效于2013年5月22日病逝，年仅28岁。

根据生态学理论，生态系统本身具有一定的自我调节功能，但如果人类盲目地过度开发，超过生态系统能够自我调节的限度时，生态就会失衡，严重的就会出现生态危机。如今，新闻人出现的诸多生态问题，从某种程度来说也是媒体和媒体管理机构对新闻资源和新闻人自身资源的盲目过度开发所致。这种盲目过度开发超过了新闻人生态和媒介生态所承受的限度，使得新闻人生态，乃至整个媒介生态在一定程度上出现了生态危机。

这种对于新闻资源和新闻人资源的盲目过度开发主要表现在以下两个方面。

第一，国家有关部门对部分媒介资源的制度供给不足，但功能开发过度。具体表现为，对于部分转企改制后的媒体，主要是一些非时政类报纸，既要它们继续保持“打鸣”功能，又要它们产生“下蛋”效益。这些失去了体制内资源优势的非时政类报纸，和既享受着体制内政治资源优势又享受着市场化扶持便利的时政类报纸不论是人力资源、社会保障，还是市场资源、行政资源等都不在同一个竞争起跑线上。但是，主管部门不但要这些非时政类报纸承担舆论功能，同时还要它们产生经济效益，以便保持资产增值，化解转企改制后的人力资源包袱。这样在一个缺少公平竞争的制度环境下，对它们超越自身能力的功能开发，势必导致它们为了生存和发展，不得不过度使用乃至破坏性使用自身的新闻资源和新闻人资源，最终导致其生态功能紊乱，出现生态问题。

第二，媒体经营人对媒介资源和新闻人资源盲目过度开发。由于目前大多数媒介属于国有，但是媒介的经营权往往掌握在私人手里，特别是有些转企改制后的企业，很多掌握在一些缺少办报、办刊能力，只有经营能力的“能人”手里。由于所有权和经营权分离，经营承包人往往只注意经济利益，忽视社会利益，只注意眼前利益，忽视长远利益，只注意自己利益，忽视国家和所雇用的新闻人利益。这些导致了对媒体资源和新闻人资源的过度、破坏性开发。如此，利用新闻资源权力寻租、非法牟利，乃至敲诈勒索也就在所难免。而新闻人，在这些经营者眼中也不过是“打工仔”或者赚钱机器，只要他们能够赚钱就行，至于他们的身心健康，根本不愿顾及。

而过剩的新闻人资源和新闻业的低门槛性，也使得一些媒体更加肆无忌惮地破坏性地开发利用新闻人的价值。一些新闻人在激烈的市场竞争中，为了保住“饭碗”也不得不更加卖力地破坏性地使用自身的资源。一些新闻人为了迎合承包人员牟取更大利益的心理和需求，甚至不得不非法开发利用新闻资源，以致或因公或因私地走上了利用手中的新闻采访和舆论监督权进行非法敛财的道路。如此，导致新闻人的生态问题进一步加剧。

解决新闻人的生态危机问题，必须坚持堵疏结合，除了坚持严厉打击一些新闻人的非法从业行为，还要给他们创造一个公平竞争，真正能够依靠新闻报道谋生，甚至致富的环境，否则光靠运动式的打击、惩罚办法将很难从根本上解决媒体和新闻人利用采访监督权寻租、谋取不正当利益的问题，新闻人的生态危机也难以化解。

警惕媒体和新闻人的腐败问题

2014年6月1日，一则披露央视财经频道总监郭振玺在任职8年内敛财20亿元的消息引起了新闻人和社会公众的广泛关注。报道称，“检察机关以涉嫌受贿犯罪，依法对中央电视台财经频道总监郭振玺、制片人田立武立案侦查并采取强制措施”。郭振玺在央视工作了22年，曾担任央视财经频道和广告中心两大核心部门负责人。不仅在央视，在整个电视界他都算得上是一个举足轻重的人物。至于其敛财之道，也是红黑通吃，极具典型性。“在央视，人们都知道郭振玺的牟利之道即左手用‘3·15晚会’打压企业、右手靠‘年度经济人物’拉拢企业，形成了独特的红黑敛财术。”另据报道，与郭振玺一同接受调查的，除了制片人田立武，还有财经频道另一位制片人王世杰，以及财经频道的某年轻女主持人和某女编导。

极富戏剧性的是，央视新闻调查栏目在此不久前还曾专门制作了一期打击新闻敲诈的节目《记者站的秘密》，对中国经济时报社副站长郗永丰等人多次利用新闻采访报道活动牟取不正当利益的行为进行了披露。郗永丰等人手中掌握的媒体资源虽没有央视的影响力大，也没有“3·15晚会”和“年度经济人物”这样举国关注的“黑榜”“红榜”，但是，却并不影响其利用媒体资源施展“红黑敛财术”。所谓“红”，就是通过正面报道和各种变相广告等有偿形象宣传方式从被宣传对象处敛财；所谓“黑”，就是以舆论监督、曝光负面消息等方式为名向被报道对象勒索财物。虽然郗永丰等人的敛财数额与央视财经频道总监郭振玺“8年敛财20亿”的数额无法相提并论，但敛财之道却有异曲同工之妙。

很多时候，媒体和公众在批评权力滥用、声讨权力寻租、呼吁将权力关进制度的“笼子”时，都习惯把焦点对准政府机关单位的公务人员，认为他们手中掌握着行政资源，以为只有这些公务人员才有资格进行权钱交易、权色交易，才“配”成为腐败分子。而新闻记者常常被视为弱势群体，不仅经常过着奔波劳碌、食不果腹、睡不安稳的采访写稿生活，而且，还往往因为采访揭黑而备受拳脚之苦。特别是，近年来广泛开展的媒体从事业单位转制为企业工作，更是给人一种以为所有媒体都是像其他生产经营企业一样，靠自食其力、自谋生路，靠自己辛勤劳动的汗水换一碗饭吃的错觉，认为媒体和新闻人缺少机会腐败，也没资格腐败。

事实上，媒体、新闻人群体都早已出现了“社会分层”和“两极分化”。一部分缺少行政资源的媒体和掌握较少媒体资源的记者，确实要靠辛苦打拼才能换取仅能谋生的资本；而另一部分背靠行政大山的媒体和手握媒体资源富矿的记者，则可以利用手中的媒体权力轻而易举地实现发家致富，步入“成功人士”的行列。这些媒体和媒体人或者靠以舆论监督之名，行敲诈勒索之实，或者靠发关系稿、人情稿、有偿新闻、有偿不闻以及各种排行榜、年度人物等新闻、公益活动牟利，已然成了新闻行业的害群之马。

在新闻媒体的腐败中，有两类媒体值得警惕。一类是那些掌握重要行政资源的媒体，它们比一般社会和市场化的媒体更有权力寻租和变现的资本与资源优势。另一类是那些完全市场化，而主管部门又疏于管理或者管理不善的媒体。这类媒体习惯于在市场大潮中饥不择食，靠违规操作换取眼前利益，甚至饮鸩止渴，专靠坑蒙拐骗获取非法之利。如已经被国家新闻出版广电总局吊销报纸出版许可证的《中国特产报》就属于这种类型。该报社内部管理极其混乱，社领导班子主要由退休或者内退人员组成，主要负责人均来自同一家庭——“妈妈是社长、女儿是总编辑、爸爸是新闻部主任”。该报不履行对新闻采编活动和新闻记者的管理职责，对部分采编人员不发工资让其自谋生计，还要求这些人每人每年上缴 20 余万元费用，导致该报多名记者靠新闻敲诈活动谋生。

在新闻从业人员的腐败中，从现有已经查处的案例来看，也有两类人极易成为“重灾区”。一类是手握媒体资源管理大权的人。如媒体报道的央视财经频道总监郭振玺，8 年敛财 20 亿元，还有此前“重庆广电集团总裁、重庆电视台台长李晓枫，腐败金额达 4900 万，被判死刑，缓期二年执行”。另一类是直接与企业、证券公司等经济部门打交道的财经记者，也往往因为近水楼台，而“率先”成为腐败分子。

在国家新闻出版广电总局2014年3月底通报的8起典型新闻敲诈案件中，直接涉及财经、证券、金融记者的除了中国经济时报社记者郗永丰案外还有4起。它们分别是：金侃群在担任浙江今日早报社经济中心副主任、证券版责任编辑期间，利用职务之便，非法收受多家公司支付的费用共计332万余元，被法院以受贿罪判处有期徒刑12年；朱卫在担任浙江都市快报社证券部主任编辑期间，利用职务之便，多次收受企业支付的165万余元费用，被法院以受贿罪判处有期徒刑11年；杨剑在担任杭州日报社专刊中心金融工作室记者、责任编辑期间，利用职务之便，收受企业支付的30余万元费用，被法院以受贿罪判处有期徒刑6年零6个月；证券时报社记者罗平华伙同他人趁某公司申请上市之机，以“爆料负面消息”相要挟，索要“封口费”200万元（未遂），被法院以敲诈勒索罪一审判处有期徒刑4年。这些财经记者涉及腐败案件，不仅数量集中，而且金额巨大。

在当前国家有关部门正在打击治理的腐败问题中，那些腐化堕落的媒体不应该成为打击治理的盲点；那些利用媒体资源和新闻权力非法谋私、严重危害社会、损害新闻人形象的人员也不应该成为被忽视的对象。

不要过于苛责灾难报道中的记者

每次遇到重大突发性的灾难事件，受害的往往不仅仅是遇难者及其亲人，还有那些备受伦理责难的记者。在众多突发灾难事件降临之时，记者往往面临着尽可能地挖掘真相的职业责任和几乎不切实际的公众伦理要求的两难选择。一些记者变得无所适从，更有一些费尽心机完成报道的记者，往往因为要独自承受着公众舆论伦理指责的压力而在心中留下阴影。严重的还会出现心理疾患，轻则影响生理健康，重则出现自杀倾向。

几乎每一个职业都把爱岗敬业、忠于职守作为最基本的伦理信条，新闻工作当然也不能例外。很难想象当重大突发灾难事件发生时，记者不及时赶往灾难第一现场，不去与受害者或者受害者家人直接接触，不去采访第一手资料。如此不但记者所在的媒体不能容忍，就是公众也不会满意。

有人也许会说，我们批评记者的职业伦理，只是希望记者做得更好、更专业，并没有让记者不去报道突发性的灾难事件。的确如此，相信每一个指责记者职业伦理精神的人都是出于提高记者职业水准的善良目的。但是，我们也可以想象，几乎每一个记者又何尝不是抱着更好地报道新闻、更好地完成自己的职责，从而更能够获得公众满意和认同的目的去做好灾难报道呢。

伦理学中有一条被称作“黄金律”的伦理准则，“你希望别人怎样待你，你就要怎样待人”。用我们的俗语说，这条伦理学的“黄金律”其实就是我们常说的“将心比心”。在一些突发灾难事件报道中，如果我们一味指责记者的怎么不专业、记者的职业操守怎么让人无法忍受，我们不妨换位思考一下，或者“将心比心”一下。即假如你是一家媒体的记者，你所在的媒体给你买了机票、车票，提供了食宿和薪水，眼巴巴地等着你从遥远的城市，给你所服务的媒体发回一些有价值、能够让明天的报纸或当晚的银屏赚回一些注意力的信息，你该怎么办？你是否会使用你所要求的伦理尺度去要求自己？如果不是，或者会主动降低伦理要求的尺度去做一个妥协，那么你现在用来指责媒体记者的伦理尺度，可能就不是合乎实际的，就不是“将心比心”的，从而也是违反伦理“黄金律”的。

西方伦理学在处理一些伦理矛盾和困境问题时，除了使用伦理主次序列的办法来帮助判断哪些伦理应该优先坚守，哪些伦理在确保主要伦理的情况下可以适当变通处理，还会使用特殊境遇的方法来判断一些特殊情况下的伦理问题。比如在2014年3月马来西亚航空公司的飞机失联事件中，当你从航空公司和官方的新闻发布会获取不到任何有价值的信息，而你千方百计、不远千里跑到聚集着受害者家属或者开发布会的酒店守了几天几宿，甚至连飞机失联的现场在哪里也无法知道，你所做的除了想方设法从受害者的亲属那里挖掘一些蛛丝马迹，又能有何作为?

随意指责别人的伦理问题是容易的，但是能否设身处地地考虑一下被指责者所处的具体情况，对具体的伦理问题进行一番合乎实际的具体分析才是更可贵的。在马来西亚航空航班失联事件中，一些记者为了获取有价值的新闻信息，彻夜守候在酒店发布会大厅外面。我看到的一张照片显示，在2014年3月9日凌晨3点51分，一批疲惫不堪的记者席地而坐，守候在马来西亚航空公司事故处置组与失联乘客家属举行闭门会议的门外。试想这些记者如果都是没有职业伦理的人，他们又何来这种忠于职守的动力。

在一些重大突发灾难事件中，受害者或者受害者家属的情绪往往极不稳定，情绪化、甚至攻击性的行为时有发生。在马来西亚航空航班失联事件的报道中，就有记者因为新闻报道工作中的问题受到受害者家属的责骂甚至攻击。如有的传言称“有情绪失控的家属，一拳揍到一个正拿着相机拍他的摄影记者脸上”，还有的记者因为拍摄的受害者家属照片发表后被受害者家属认出来而当场被踹了几脚。在这样的公开场合，因为职业行为而受到情绪不稳定的受害者家属攻击，谁能说记者又不是受害者呢。

记者为了满足公众的知情权，为了挖掘真相，历尽辛苦赶到突发灾难事件现场或者相关现场，却被有些批评者指责为“像蝗虫一样涌向北京”，或是“用别人的悲痛来换你的头条”，这对那些为了履行自己职责的记者来说，又何尝不是一种暴力。

我们很多指责灾难报道记者的伦理批评者，往往混淆了普通社会伦理与职业伦理的界限，习惯性用社会伦理来代替职业伦理。从而导致不能设身处地地从职业行为和职业职责的具体问题和客观处境角度来分析从业者的职业伦理行为，以致用过于宽泛的伦理原则和过于严格的伦理标准来不切实际地要求职业行为者。如果伦理批评者用过于苛责的、职业行为者可能无法做到的伦理标准来随意批评职业行为者，只会让职业行为者无所适从甚至放弃自己的应尽职责。

在重大突发性灾难事件报道中，尽管我们的伦理批评可以提高记者的职业伦理行为，但是，我们也要考虑到一些记者职业行为的具体实际问题，体谅记者的艰辛和难处，不要用过于苛刻的标准来要求记者，甚至用不伦理的方式来责骂、侮辱记者。如此，无益于新闻职业伦理的提高。

是非女记者

关于女记者、女主持人的婚恋、受骗与被性骚扰的话题注定是搏取眼球的卖点。但是，写这篇文章的目的倒不是因为这样的话题有卖点，而是关于女记者、女主持人的从业生态目前已经成了一个绕不开的话题。调查显示，女记者已经占到记者群体总数的一半。在大学新闻学院里，女生已经占有超越男生的绝对优势，像新闻、播音主持、电视编导之类的专业，男女比例严重倒挂，男生成为“凤毛麟角”。2009 年笔者曾在网上看到一张某新闻类专业的班级毕业照，上面已经是“山河一片红”了，27 个青春的面孔中，男生竟只占 4 个。女性媒介从业者在数量上，已经逐渐成为新闻报道工作中占据优势的群体。

不仅如此，女记者的社会关注度也占有先后天的优势和潜能。在 2009 年上半年，关于女记者、女主持人的话题就频频占据报纸社会娱乐版面和网络新闻的头条。报道新闻的人反而成了被报道的热点。先有广东电视台当家女主播成为高官情妇，在北京准备出境时，被北京警方截获并带走的消息被媒体争相转载。后又有 20 多岁的央视女记者张某为取得北京户口被假冒“国情局局长”的骗子骗财、骗色的消息重新激发了人们的阅读欲。连新近在网络视频中广为流传的赣榆县原县委书记孙荣章的《忏悔录》中也提到他用一套北京住房将北京某位女电视记者“征服”的丑闻。之前，在 2007 年国家统计局原局长邱晓华“因收受不法企业主所送现金，生活腐化堕落，涉嫌重婚犯罪，被开除党籍和开除行政公职”的案件中，同样有上海某电视台财经出镜女记者涉嫌与其重婚的消息传出。在 2004 年，还有更加火爆的“女主播裸死副市长床上”的新闻引起一时的巨大轰动。尽管这些女记者在整个女记者群体中只占很小的比例，但是由于一些新闻报道不断将女记者、女主持人与高官情妇、富商包养以及被骗财、骗色之类的丑闻联系在一起，女记者的形象已经开始被“妖魔化”。社会上的一些人甚至已经开始用异样的眼光来看待女性新闻从业者。

出现上述情况，虽然与媒介的议程设置偏颇、主题框架建构倾斜和传媒镜像的扭曲以及媒介自身具有放大事件的功能等有关，但是，女记者不断成为一些丑闻的女主角，也在一定程度上反映了当前女性新闻从业者自身素养和从业生态中存在的问题。

首先，商业化的媒介用人环境使女性媒介从业者素质开始良莠不齐。在最大限度获取利润成为一些媒体生产新闻和娱乐的驱动力的情况下，媒介从业者道德品质、综合素养已经退居于资本增值逻辑的背后，从业者成了媒体获利流水线上机械的零件，成为制作新闻、制造娱乐的工具。谁能在绩效主义的考核中胜出，谁就是“称职”的新闻工作者；谁能给媒介带来“眼球经济”，谁就是媒介单位的“英雄”，而且是“英雄不问出处”。这样就使媒介单位在选人、用人上，使媒介从业者在自身修养上，放弃了对道德和品质的追求。在这种情况下出现一些女记者、女主持人媚官、媚富，靠色相来换取物质享受与满足虚荣心理也就不足为怪了。

其次，工具化的教育方式淡化了媒介从业者的人文素养与生存技能。目前，从中学到大学再到研究生一级级靠分数和考试来遴选人才的机制，使得内在素质、人文素养、生存技能这些难以外在量化但却是人最宝贵的东西被虚置淡化了。人才成了应试教育机械化批量生产的“产品”。这不仅导致学生人文素养的丢失，也导致他们作为人的最基本生存技能的降低。在央视记者被骗财、骗色的案件中，骗子只是略施伎俩，就让受过多年系统教育的女记者心甘情愿地当起了“国情局”的“特工”，并为了通过骗子的“考验”而“奉献肉体”。谁敢相信这样连自己身体、财产都搭进去的轻信的记者，在报道新闻时能为我们带来事实和真相。这虽是这位央视女记者本人的不幸，但一定程度上也是教育育人和媒体选人机制的悲哀。

最后，也是最重要的一点是女性新闻从业者的从业生态环境出现了恶化。社会心理学家卢因在研究个人在团体中的行为时曾经得出这样的结论：行为是由个人与环境两个因素决定的。不管是央视女记者被骗“奉献肉体”也好，还是一些女记者、女主持人甘愿为权力和利益沦为情妇也罢，其中既有她们人格素质的因素，也有媒介从业环境开始恶化的环境因素。如果不是北京等地的一些媒介用人不能解决户口，央视那位女记者可能不会那么轻信那个冒充“国情局局长”声称能为其解决北京户口的骗子。事实上，心理学和行为学的一些研究都表明，人的动机与理解具有十分密切的关联，而理解错误是上当受骗的前提。

至于那些甘愿为权力和金钱包养的女记者、女主持人，其中也多少会有媒介工作竞争压力大、非正常的干扰因素多而不得不寻找靠山，希望靠非正常手段换取工作机会或事业进步的原因。如此，需要净化与绿化的不光是她们蒙垢的灵魂，更有我们已经灰色、被污染了的从业生态。

“地下新闻工作者”的生存土壤

“我们专业删除网络负面信息。百度快照、贴吧、知道和门户网站等负面信息，我们都可以帮你删除。QQ：117997××××”“网络发稿20元/篇（有入口，有链接）；网站负面信息刊登、转载400元/篇；报纸软文5毛/字，报纸整版2000元；报纸论文250元/篇……”“新闻稿发布，清理辱骂、敲诈。百度、Google快照清除，各大门户负面清除一扫光……有需要请私聊我”……类似发文删帖之类的网络广告隔三岔五我们总能收到。在各大媒体新闻工作者每天怀揣着铁肩担道义的理想或者为生计奔波而四处采写、编发新闻信息的同时，一批“地下新闻工作者”也在“辛勤”地为生计而劳碌着。他们在网络空间里遍撒“英雄帖”，在常规新闻工作的背后忙着经营他们的“地下新闻事业”——或者帮助你发稿扬名，或者帮助你删帖消灾。

这是一个离不开信息，又常常为信息而烦恼的时代。一方面，我们每天被海量信息狂轰滥炸，人们在信息的汪洋中心甘情愿地自我沉溺，不能自拔，而每一个人在这样的信息汪洋中又是那样的无助，他的每一声欢呼或者悲叹，都像面对旷野的自我排遣，都会像沙漠中的一滴水珠，顷刻间便会被蒸发得无影无踪。在这样的信息汪洋中，很难有人有闲暇去关注他人的存在。有时你愈是想显现自己，结果愈是让你失望。不论是人，是物，都很难逃避被漠视和被信息淹没的命运。所以，这是一个需要推销、需要靠外力运作来显现自己的时代。另一方面，这又是一个很难封闭隐私、隐秘，愈是想遮挡的隐私、愈是想保留的隐秘愈有窥视市场需求的时代。信息网络的触觉已经伸进了社会与个人的每一个曾经自以为安全的角落，并将它们连接放大到世界各地数以万计可供窥视的窗口（windows）。在信息淹没与呈现、公开与遮挡的拉锯较量中，一个新的职业群体就这样应运而生了，他们不同于日常意义上的“地上”新闻工作者——从事的是阳光下的职业，有些人还因为生活在体制内的怀抱里，享受着体制内名利双收的温馨与荣耀。与“地上”新闻工作者相比他们是“地下新闻工作者”——从事的是自己也不觉得光彩、不愿意扬名的发文（帖）与删文（帖）工作，其目的也不在于名，只在于利。

“地下新闻工作者”的来源无非有以下三种。其一，是“地上”新闻工作者中的末流。他们不顾新闻职业道德，缺少新闻专业精神，在“地上”新闻工作之余，为“五斗米折腰”，为了多捞些“外快”，一边做人，一边做鬼。他们或利用工作职务之便帮人发些有偿新闻，甚至是一些露骨的经过包装的广告，美其名曰“软文”，或者利用自己在新闻业界的各种关系网络，帮人穿针引线，让“买家”能够露想露的脸、扬想扬的名，也能遮想遮的腚、掩想掩的丑。更有甚者一边唱红脸——以工作之名对单位和个人实施曝光要挟，一边唱白脸——只要给“封口费”一切好说。如此高超的“变脸”艺术堪比川剧。其二，是一些曾经在新闻媒体工作过，如今因为各种原因离开曾经从事的职业的人。他们深谙新闻操作的“门路”，利用以往的老朋友、老关系，在“地下新闻工作”中分一杯羹。其三，是职业的广告公关人员。他们或者因为以往的广告公关业务而与新闻单位有着一定的业务关系，在经营传统的广告公关业务的同时，发现了帮人发软文与消除负面信息这个“新的经济增长点”，或者是看到“地下新闻工作”有着巨大的市场需求和利益空间而投身其中的新入行人员。

不管“地下新闻工作者”出身如何，他们投身“地下新闻工作”都有一个共同的目标——谋利。而且事实上他们也有着丰厚的谋利空间与土壤。在当年沸沸扬扬的“三鹿”奶粉危机公关事件中，一家自称是三鹿公关公司的某国际广告公司开价给某知名网站的公关费就是300万元。在这份给三鹿集团提出的危机公关方案中曾这样直白地写道：“安抚消费者，1~2年内不让他开口”“抓紧奥运时间，与‘××’媒体建立良好合作关系，防止将来负面爆发时失控，同时可以掌握新闻公关的主动性”“希望利用奥运期间的风平浪静，协助三鹿集团打好这一艰苦的负面公关战役”。虽然，这样的“公关战役”因为最终纸没有包住火而成为笑柄，但是，并没有掩盖“地下新闻工作”市场“沉舟侧畔千帆过”的事实。小的媒体不说，就是在各大电视台，一些记者也会遇到因为各种“公关”而导致节目播不出去的经历。这些背后都少不了各种权力与利益的运作和博弈。

“地下新闻工作者”的生存空间，显示的是“地上”新闻工作者职业道德与监管漏洞的存在。新版的《中国新闻工作者职业道德准则》明确了“坚决反对和抵制各种有偿新闻和有偿不闻行为，不利用职业之便谋取不正当利益”之类的规定。但是，道德条例毕竟是“软”的，不像法律、法规那样“硬”，对于“地上”新闻工作者兼职“地下新闻工作”或者与“地下新闻工作者”狼狈为奸的行为很难起到真正的约束作用。而专职的“地下新闻工作者”就更不在“新闻工作者职业道德准则”的约束范围之内。如何规范、治理“地下新闻工作”行为，消除其生存土壤，值得关注与期待。

新闻人的十大期盼

和谐的用人环境是传媒业健康发展的重要条件。新闻从业人员生态环境的恶化，特别是一些体制外记者缺少职业稳定感与归属感，既不利于他们劳动、人身等相关权利的维护与身心健康，也不利于他们创造性的发挥，从而影响传媒业的长远发展。

笔者在2009年下半年至2010年上半年所做的中国新闻人从业生态的调查中，专门征集了当前新闻人对改善自身从业生态的意见和建议。在参与调查的从业者中，有300多人提供了自己的看法和想法，占总人数的40%。从调查结果来看，当前国内新闻人有下列十大期盼。

一盼，加强新闻立法与法制工作，增加记者人身权、采访权与监督权保障。此类意见、建议最多，约占意见总数的25%，具有代表性的如“建议《新闻法》尽早出台”“新闻应该立法，记者的采访权现在根本没有保障”“立法保护！不让打击报复记者的事情再发生”等。

二盼，改善宣传管理制度，增加新闻工作自由度与独立性。此类意见占意见总数的15%左右，如“给予相对的自由”“希望能够让记者说真话，希望对干涉记者调查真情的官员和地方保护势力进行压制”“让记者说真话，天塌不了”“加大舆论监督力度，保障真正的新闻自由”“期待新闻开放度的进一步提高”等。

三盼，改善内部环境，提高工资待遇，改善工作条件，增强记者的社会福利保障，增加工作的稳定性。此类意见也占到意见总数的10%左右，如“单位提供更多地发挥记者个人的特长、创造力和主动性的机会”“提高工资、福利，你很难要求一个被生活压力所迫的记者为社会舆论而战斗”“增加职业稳定感、职业荣誉感”等。

四盼，加强媒体与记者的自律与监管，提倡“廉洁从记”，提高从业者专业素养。此类意见占到意见总数的10%，具有代表性的如“廉洁从记”“记者自身要提高个人素质”“严格区分专业记者和非专业记者，给专业记者发资格证书，一旦有不良记录应予以取消”“为老百姓说话，让正直的人成为记者，其他人请靠边儿”“坚决清理无权限、无证件的黑记者、黑新闻单位；杜绝新闻力滥用；提升媒体公信力”“严格管理新闻队伍，打击害群之马”“从报社内部开始杜绝社会闲杂人员的介入，败坏‘记者’这个神圣的职业。管好自己现有的队伍，不要为了经济效益就不管新闻从业者的素质了”“打击假记者，规范媒体单位”等。

五盼，加强宏观体制、机制与制度的改革创新。有8%的意见、建议集中在体制与制度改革上，如“新闻制度也需要改革开放”“市场化的是报纸，不是人”“体制不改，一切新闻理想都是空话”“让报社从国有体制转身为真正的现代企业经营体制，去掉国有企业的毛病”“改变‘干事的不拿钱，拿钱的不干事’的分配体制”以及“政治体制不改革，从业生态难改变”等。

六盼，改善社会大环境，提高政府和社会对新闻从业者的尊重和关心程度以及记者的社会地位，希望能够得到更大的尊重和重视。此类意见约占总数的7%，具有代表性的如“记者从事的是高危行业，需要社会的关心”“要营造良好的社会环境”“善待媒体工作人员，多一些人性化的关怀，让记者能够身心都得到好的休息”“在让媒体人关注社会的同时，请社会多关注媒体人”等。

七盼，新闻与经营分开，取消广告、发行与创收任务。具有代表性的观点如“采编和广告经营应有明确的划分”“专心编稿写稿，不要有太大的广告发行压力”“改变大环境，记者就必须是真正的新闻工作者，而不要把经营什么的任务掺杂在一起。特别是拿着记者身份作幌子四处创收的人，对报社、记者这个行业的影响特别的大”“媒体不要总是将记者的业绩与广告公关挂钩，这样会使记者工作分心，也逼着记者过于关注商业利益，而不能真正为社会和群众代言”等。

八盼，加强记者行业组织建设，提供对记者工作更有力的支持和帮助。具体如“记者协会应该强大，这是我们自己的组织”“记协起到娘家的真正的作用”等。

九盼，加强记者劳动保障，维护从业者休息、休假权，改变考核制度，降低工作量和劳动强度，鼓励出精品。具体如“减少工作量！工作量太大了。让普通的记者也能静下心来创作一些精品”“减小劳动强度和工作时间，保证正常休假”“加强记者劳动保障，变量的考核为质的考核”等。

十盼，增加不同级别媒体从业人员在采访等工作和待遇中的平等性。具有代表性的观点如“大小台收入差距相当巨大，希望能够缩小”“现在做精品的都是那些有钱、有政治地位的媒体记者，我们普通的记者根本就没那机会，不是我们不行……凭什么我们就该一辈子鼓捣小事，不能参与大事呢”等。

除了期盼，还有一些业界的朋友对当前新闻人从业生态的改善持无奈、自嘲与调侃的态度。而且持此类态度的人还不在少数，此类意见占到意见总数的9%。具有代表性的如“远离媒体行业，在中国干媒体是一件没有出息的事儿”“记者有风险，入行须谨慎”“男人不要做记者，这里找不到事业只有转行的命”“感觉做新闻只是一种谋生的手段罢了，和理想相去甚远”等。但愿，这些只是一时无奈的调侃和牢骚，而不是失望和绝望。

新闻业是一个高创造型、高智力型的行业。从业环境的恶劣，从业人员的利益诉求得不到满足或者被忽视，会直接导致从业人员的不满情绪增加，轻则消极怠工，重则离职跳槽。不仅如此，灰色的新闻从业生态还有可能导致部分新闻从业人员对新闻事件的边缘化解读，从而极易给宣传舆论工作带来潜在风险。在当前传媒体制改革逐渐深入的转型时期，了解新闻人的期盼，满足新闻人的需求，构建更加和谐的从业生态具有特别重要的意义。

媒体与媒体人的科学素养

2011年年初，中国科技协会发布的第八次中国公民科学素养调查结果提供了两组有趣的数据。一是截至2010年，我国具备基本科学素养的公民比例为3.27%，我国公民科学素养水平相当于日本（1991年3%）、加拿大（1989年4%）和欧盟（1992年5%）等主要发达国家和地区20世纪80年代末、90年代初的水平。二是调查显示，电视和报纸等传统媒体仍然是我国公民获取科技信息的主要渠道。我国公民获取科技信息的渠道中使用率最高的是电视，占87.5%；其次是报纸，占59.1%。其余，除了与人交谈占43.0%外，依次是互联网占26.6%、广播占24.6%、一般杂志占12.2%、图书占11.9%和科学期刊占10.5%。

这次调查既说明我国民众科学素养较低，同时又显示我国民众科学素养低与媒体有很大关系，因为我国公民获取科学知识的最主要渠道是电视和报纸等大众媒体。我国民众的科学素养水平与大众媒体究竟有多大关系，是否如调查所描述的这么大的相关性，笔者很难肯定。但是，有一点可以肯定的是，我们媒体及其从业人员的科学素养确实不高，媒体对科学知识的鉴别与普及确实重视不够。

有媒体报道也曾一针见血地批评当前媒体科学素养低下的问题，“一些备受关注的科学话题：从‘吃绿豆能治百病’的张悟本神话、道长李一的‘盖世神功’，到媒体炒作‘地球遭遇千年极寒’‘世界末日将来临’，再到‘引渤入疆’让新疆变江南、禁止添加面粉增白剂等争议……面对其中一些明显的科学谬误，很多人不加质疑地相信、追捧、盲从，媒体不加选择地跟进、扩大、炒作”。“2003年，‘非典’来临，板蓝根被哄抢一空；2011年，日本核危机，中国民众掀起了一次巨大的抢盐潮。这些失去理智的行为的背后，有谣言作祟、有心理危机，也有科学知识的缺乏。”这些都与媒体长期忽视对公众科学素养的培养，甚至与自身科学素养不高有很大关系。

复旦大学生命科学院院长和生物医学研究院基因组学研究所所长金力教授曾经举了因一篇缺乏科学素养的报道给我国基因研究带来严重影响的例子。他说："报道中所涉及的科技问题，一般公众没有能力和专业背景去辨别，媒体的判断很容易成了是非判断的标准，科技类报道如有不慎，会给科学研究带来很大的负面影响。几年前我们曾计划一项基因地理方面国际合作的研究，新京报就此刊登了一篇报道，引用某位专家的话说这个项目有国人'基因外流'的隐患。我联系到报道中被引用过的那个专家，对方表示根本没有这样说过，如此报道很可能是媒体在追求耸人听闻的效果。这篇报道后来被科技部门的某些官员关注，引发了不必要的误解，一定程度上阻碍了基因地理研究在国内的正式立项。这是一项跨国合作的研究，国内不立项，国外采集到的基因样本就不可能通过卫生部的检疫，拿不到样本研究当然做不起来。不仅如此，我们在国内做的相关研究，尤其涉及田野采样，都遇到了不同程度的阻碍。……一篇不符合实际的报道会给科学研究带来怎样的负面影响，从这个例子就可见一斑。"

造成我国媒体及新闻工作者的科学素养不高有两个主要原因。

首先是高校文科专业科学素养教育的缺失。在美国等西方国家，科学教育是基础课。据"科学素养"概念的首创人乔恩·米勒介绍，在美国，无论你在哪所学校接受大学教育，第一年你都要学习基本课程，即科技教育、社会科学和人文课程。同样，一个立志成为工程师的人，除了要学习科学方面的知识，也要学习基本的人文课程。人文课程有文学、历史、哲学、语言等。这些都是美国学校的基本课程。我们必须让学生的知识结构达到平衡。

然而，由于我国的新闻人才培养体制以狭隘的专业培养为特征，少数新闻院系在培养人才方式上虽然有所突破，学科范围有所延伸，但是基础学科设置仍然局限在大文科范围内。一些理工科院校开办的新闻专业，由于新闻师资力量主要来源于文科，在学科管理方式和人才培养思维上仍然没有打破文理局限。至于主持人和电视编导专业则完全被纳入艺术类人才培养范畴，学科知识更为狭窄。这导致了我国新闻人才普遍缺少专业的科学素养，出现科学常识性错误的新闻报道相对比较普遍。

其次，我国媒体及其从业人员科学素养不高也与我国媒体对于科学报道和科学记者培养的不重视有很大关系。由于相当一些媒体过于重视经济效益和眼前利益，而忽视社会效益与长远利益。在发行量、点击率、收视率等“眼球经济”指标的驱使下，不仅很少设置专门的科技与科普版面，更少有专门固定的科技记者，也很少有对记者进行科技素养与某一领域专业知识的长期培养。很多从事科技报道的记者，大都是“万能型”的科技记者，甚至是社会、经济等领域临时应急的兼职记者。很少有国外媒体的那种具有某一领域专业知识的专家型记者。即便偶尔开设一些科技类栏目进行少量的科技报道，也会在经营利益的驱使下对一些严肃的科技问题进行吸引眼球的娱乐化处理。

金力教授认为，中国的科技报道，无论是科技类媒体还是普通人众媒体，从业人员的科技素养都有待提高，而这一点国外的科技报道要做得好很多。我在国外工作时接受的科技采访比较多，国外很多科技记者都是长时间甚至一生致力于某一领域的科技报道，积累了深厚的科学素养。他们对学术研究的成果兴趣浓厚，对科学上哪怕细微的进展都抱以很大热情，对这些进步会给人类、给社会带来什么样的好处讲得很具体，对科学进展的报道也不吝惜篇幅。相比之下，我们的报纸上社会新闻偏多，而且其他领域的报道也大都跟着社会热点走。

近年来，一些缺乏科学素养的媒体和新闻人过度夸大食品添加剂及转基因食品的危害，对于“破皮鞋制老酸奶和果冻”“顶花黄瓜涂避孕药吃了会绝育”等进行不加鉴别、不加批判的大肆渲染，不仅导致人们为“吃”犯愁，甚至对社会不满，一些食品生产商也为此遭受重创。这些原因都与媒体和新闻人的基本科学素养缺失有很大关系。

闲话记者运气“背”

近来新闻人的运气颇差。仅仅2010年七八月之交的一周时间内，有关记者被殴打、通缉，新闻单位被冲击、威胁的公开报道就有数起。

2010年7月27日，《经济观察报》记者仇子明因报道上市公司凯恩股份关联交易内幕，被凯恩公司所在地浙江省丽水市遂昌县公安局以“涉嫌损害公司商业信誉”罪，认定为刑拘在逃人员，向全国通缉。

2010年7月29日晚，《华夏时报》驻深圳女记者陈小瑛在等待自称来自某上市公司的“知情人”时，等来的却是一位彪形大汉的殴打。此前，她曾披露某上市企业的内部问题。

2010年7月30日，《每日经济新闻》因对霸王洗发水被曝含致癌化学物质一事进行了报道，其报社办公区遭到4名自称霸王集团员工的冲击。4名青年男子未经许可，擅自闯入报社上海办公区，找寻采写该报道的记者，并采用辱骂、推搡等手段，对该报记者进行威胁。

2010年8月1日，北京电视台《每日文娱播报》记者周广甫对郭德纲被曝光别墅侵占公共绿地事件展开调查时，遭其弟子李鹤彪殴打，被医生诊断为头部多处受伤、充血及左手肘关节脱位，经北京市海军总医院鉴定为轻微受伤及脑震荡。事后当晚，郭德纲继续在相声中辱骂记者“还不如妓女”，攻击北京电视台是“很龌龊一单位”，并称赞徒弟李鹤彪为“智斗歹徒”的“民族英雄”。

2010年8月3日，中国世代投资集团董事局主席禹晋永召开发布会称，将对曝光他的15家媒体进行高达5000万元的索赔，“在财政上打垮这些报社”。此前，他被多家媒体曝光学历、经历及土地证造假。

记者被打、被辱骂的新闻几乎已经让人觉得见怪不怪，很难提起公众兴趣了。在多发的记者被打事件面前，人们似乎已经形成了这样的成见——“记者不被打，此事古难全”。但是，这样短短一周时间内接连发生五起公开报道新闻人被殴打、辱骂和新闻单位被冲击、威胁的新闻却并不多见。而且，事件的严重性、复杂性足以引起人们的重视。

从发生的事件来看，严重的有冲击报社、通缉记者、威胁"打垮"报社、辱骂电视台"龌龊"，复杂的除了直接对记者进行人身攻击和辱骂外，还动用公权力全国通缉记者，利用公开演出调侃、侮辱记者和电视台，乃至威胁到动用经济制裁手段在财政上打垮报社。这一方面说明新闻人的舆论监督环境越来越险恶，另一方面也说明社会上抵制、报复新闻舆论监督的势力越来越险恶强势、越来越有恃无恐。

笔者在2009年下半年进行的"中国新闻人从业生态现状调查"中，调查了全国范围内31个省、市、区的700多位新闻从业者。调查发现我国新闻从业人员中，半数人在采访中遭遇过辱骂、诋毁，有近四成的从业者虽然自己没有遭遇过，但同事遭遇过。超过六成从业者因为工作受到过恐吓、威胁，其中经常受到的接近一成。超过三成从业者在工作中遭受过人身攻击，虽然自己没有遭受过，但同事遭受过的占一半。另有1/4的从业者在工作中遭遇过法律纠纷，虽然自己没有经历过，但同事经历过的超过一半。而且，西部地区新闻人的从业生态与东部地区相比更为严峻。西部地区新闻从业者在采访中遭受过辱骂、诋毁的比率和在工作中遭受过恐吓、威胁的人员比例以及在工作中遭受过人身攻击的人员比例均高于或明显高于东部地区。

新闻记者的人身权利和新闻单位的利益屡屡受到侵害、威胁，除了与当前法律制度对新闻采访和舆论监督活动的保护不力有关外，也与当前一些不法分子的嚣张强势，与舆论监督环境的恶化有关。但是，对于如何解决新闻人和新闻单位的利益免予不法侵害的问题，很多人存在不切实际的幻想。比较常见的是寄希望于国家能够给予记者超公民、给予新闻单位超法人的权利，甚至权力。有的希望法律赋予记者以行政执法等公务人员的超公民权，使得记者采访、舆论监督活动具有"执行公务"的神圣不受侵犯的色彩。这样有关单位和个人危害、阻碍、拒绝新闻记者的采访活动，可以视同妨碍执法人执法，视同妨碍公务人员执行公务处理，理由是新闻记者的采访和舆论监督活动也是和执法、公务人员一样为了公共利益。有的甚至希望国家给予新闻单位以政府机关一样的权力，将不法分子冲击报社视同冲击国家机关一样严厉处罚。

但是，现在这种寄希望于给新闻记者和新闻单位以特殊权利的想法与希望舆论监督的利益相对方和不法分子能够良心发现，善待、理解新闻记者和舆论监督活动一样不切实际。一方面，从发达国家的司法实践来看，除了尚存争议的“拒证”权，鲜见有赋予记者超公民权的规定。另一方面，如果赋予记者以超公民权，如何防止权力的滥用、如何监督这种权力都成了问题。而且事实上我们的一些新闻记者已经或明或暗地具有了一些普通公民难以享受的“权”，收“封口费”、搞有偿新闻、以曝光为威胁对有关单位施加压力等“权”的滥用问题也已经出现。至于新闻单位在绝大部分都将市场化、转制成企业的情况下，再要求国家给予其国家机关一样的权利同样不合实际，也不合潮流。

在现有条件下，解决新闻人的人身不受伤害和新闻单位利益不受侵害的问题主要还得靠自身。对记者来说，主要是加强法律意识和自我保护意识，不给采访监督对象以把柄和人身侵害的机会。在郭德纲徒弟殴打记者的事件中，腾讯网的网上调查显示，虽然有48%的网民谴责郭德纲徒弟的打人行为，认为“动手就不对”，但是，也有32%的网民叫好，认为“有些记者就是欠揍”。这种为打人者叫好的做法虽然不该，但是，也从另一个角度说明我们某些记者在行为和操守上确实也引起了一些公众的反感。而郭德纲抓住记者的把柄也就是其“私闯民宅”“偷拍”和反复骚扰。当然，这些说法有些并不准确、更不能成为打人的借口。至于新闻单位的安全和维权问题，完全可以通过法律和加强安保等措施来解决。

2009 年，你被暴力了吗

被恐吓、辱骂或毒打是每年新闻人从业生态盘点中的一个不变的主题。据不完全统计，2009 年媒体公开报道有关记者被毒打、被恐吓、被辱骂、被传唤的事件不下 30 起。典型性的有：2009 年 11 月 21 日《河北青年报》副总编辑乐倩在石家庄居住的居民楼下突遭凶徒袭击，被殴打致重伤；8 月 28 日，湖北《经视直播》记者采访黑作坊豆芽新据点遭围殴；2009 年 8 月 15 日，浙牌宝马司机在青岛酒驾打晕记者砸伤交警；2009 年 7 月 27 日，东莞市谢岗镇星联圣诞饰品制造厂发生大火，《南方都市报》《羊城晚报》记者采访时，遭到了该厂数十名人员的围堵、推搡和人身威胁——“你相不相信我可以让你们死在这里?”；2009 年 7 月 17 日，河南省安阳市某在建工地发生一起坍塌事故，工地的个别人员不去忙救人反而用砖头砸伤记者；2009 年 5 月 13 日，《新疆法制报》摄影记者在乌鲁木齐市采访一个性用品店时，遭到店主殴打，致面部受伤；2009 年 3 月 31 日，重庆电视台记者采访某施工工地遭遇“全武行”，人被打伤，摄像机被损坏；2009 年 3 月 22 日，《小康》杂志社记者在湖南长沙市岳麓区一拆迁工地上拍摄拆迁冲突时，被多名城管和联防队员群殴，血流满面；2009 年 2 月 1 日，四川在线记者采访政府会议遭围殴，警察旁观，致使该记者左脚脚踝、大腿、后腰及背部多处受伤；等等。

对于记者屡屡被打事件，目前还只能靠呼吁加强保护来降低记者被打的风险。有关学者出于无奈甚至建议记者采访时要带上防身物品来加强自我保护。如著名法律学者贺卫方就认为：“有些地方权势无所顾忌，所以一些敢言的媒体在采访遭遇危险时也处于弱势”，为此他建议，“记者以后外出采访时随身携带防身物品，必要时反击自卫”。

除了记者屡被毒打、威胁外，采访暴力事件、灾害事故现场以及交通出行遭受意外伤害等也增加了记者职业安全的风险。如 2009 年 3 月 22 日，云南省昆明市七甲村一大型造纸厂发生火灾，昆明市某报社摄影记者为了抓拍镜头，从6米多高的房顶掉在地上，摔成重伤；2009年7月8日，《人民日报》前方报道组在完成乌鲁木齐市“7·5事件”报道任务返回驻地途中时，遭到埋伏在路边的上百名手持利斧、砍刀、铁棍的暴徒袭击，两辆越野车遭到严重损毁。由于记者职业安全风险系数较大，记者必须以超过常人的价格购买意外保险。

在2009年的记者被打、被伤害事件中还有一个鲜明的特点，就是公权力机关参与了殴打或拘传等伤害记者事件。如2009年10月17日，洛阳市当地一家报社记者在报道车祸时，被警察强行戴上手铐，带入派出所，被非法拘禁长达8小时之久；2009年9－10月，湖北省《长江商报》记者姚海鹰，因一篇报道触怒了武汉省江岸区检察院，居然收到了一份带有“反贪”字样的询问通知书，此后多次受到检察院威逼传唤，后因引起高层关注姚海鹰才免予牢狱之险。类似的还有湖南省某地机关用公函辱骂记者事件，该公函辱骂当地一名记者站工作人员是“卑鄙小人，犹如一条丧家之犬；他的眼光阴冷可怕，面貌令人可憎，让人第一眼看了就觉得是个黄鼠狼，不是个好东西”。

2009年笔者在对新闻人从业生态现状进行调查时也发现记者的职业安全与尊严存在严重隐患。在采访中有半数从业者遭遇过辱骂和诋毁。近四成从业者虽然自己没有遭遇过，但同事遭遇过。在工作受到过恐吓、威胁的也超过六成，其中偶尔受到过的占53%，经常受到的占8%。在工作中遭受过人身攻击的则超过三成。虽然自己没有遭受过，但同事遭受过的占50%，而自己和同事都没有遭受过的不足两成。

对于如何解决记者的人身安全与尊严较为频繁地受到侵犯的问题，超过半数从业者寄希望于法律支持，另有两成从业者希望政府能提供保护。从现有情况来看，无论是希望有关部门制定专门法律条文来保护记者采访中的人身和尊严不受侵犯，还是要求政府对其给予特别关照，都无异于痴人说梦。记者朋友要想在工作中免受暴力和屈辱，现实一点的还是听听法学专家贺卫方先生无奈而又理智的忠告吧：“记者以后外出采访时随身携带防身物品，必要时反击自卫。”

关注新闻传媒人就是关注我们自己

新闻传媒人被视作是我们环境的监视者，是社会航行之船上的“瞭望者”，是政府的监督者，是公众利益的“看门狗”。在新闻传媒人为各种社会问题激昂文字，为众多公众利益铁肩担道义、妙手著文章，为弱势群体的人格、命运和尊严而奔走呼号，不惜牺牲自己的尊严、安全和利益，甚至健康和生命的时候，我们却很少关注他们的生存状态。

从新闻传播学研究的历史和现状来看，尽管传播者、传播内容、传播渠道、受众和反馈构成了传播的整个流程，但是，传播学学者对这些流程的研究并没有平均用力。他们热衷于研究传播内容、渠道、受众和反馈效果的课题，故研究者相对众多，而涉及传播者研究的学者相对较少。如果把整个新闻传播学研究看作是一整只“木桶”的话，那么，传播者研究不仅对新闻传播学研究来说是一个学术理论的“短板”，而且从整个新闻传播业的发展策略来看，似乎也不符合知己知彼的规律。毕竟我们不能只研究传播的“对手”，只研究受众、传播内容、媒体和传播效果，却不关注我们自身，不关注那些决定传播效果、传播内容和对受众产生直接影响的传播者自身。这应该算是一个不小的缺憾。

新闻传媒业是一个智力密集型的高创造性产业。新闻传媒人作为新闻传媒业的第一资源，是形成新闻传媒业竞争优势的重要源泉。同时，新闻传媒人也是一个既关系到新闻传媒业做大、做强的经济效益又关系到国家舆论与文化安全等社会效益的特殊群体。其从业生态的好坏对新闻传媒产业的健康发展和社会的和谐稳定都具有举足轻重的作用。

随着新闻传媒业体制改革的不断深入，市场机制、竞争机制的引入在给传媒业带来活力的同时，也给新闻传媒人的生存环境带来了很大冲击。新闻传媒人从业生态开始出现一些新情况、新问题，需要利用生态修复理论从整体、系统、互动、和谐、可持续发展等角度进行系统研究。特别是近年深入开展的转企改制工作，使得我国近万家非时政类报刊出版单位全部由事业单位转制为企业，使新闻传媒人的工作、生活和发展环境发生了很大变化。新闻传媒人的职业身份发生了从事业单位到企业的根本性改变，“铁饭碗”、终身制、事业单位的职业荣耀等被彻底打破，这势必给新闻传媒人带来一系列从物质利益到心理精神上的重大变化。如果处理不好，不仅影响新闻传媒人的身心健康，影响他们创造力的发挥，而且也会影响到新闻传媒业的做大、做强和长远发展。

要解决广大新闻传媒人身份转型、从业生态急剧转变后可能出现的心理失落、身份认同落差与利益冲突等现实问题，进一步提高新闻传媒人的人力资源效能、创造创新能力，增强新闻传媒业的传播力与整体实力，使新闻传媒业在体制改革、转企改制后能够按照改革的初衷，发挥出更大的活力与效力，就有必要对体制改革后的新闻传媒人从业生态、新闻传媒业的人力资源现状以及存在的问题，进行较为深入、系统的调查研究，以便未雨绸缪，及早拿出对策。

目前，国内外对我国新闻传媒人从业生态进行研究的成果十分稀少；而对当前转企改制后我国新闻传媒人从业生态现状的整体情况研究，更是少之又少。从以往研究来看，自新中国成立以来几乎鲜有人对包括报纸、期刊、广播、电视和新媒体等新闻传媒人进行过综合性、较为系统的全国性抽样调查；对当前转企改制后，我国新闻传媒人现状及其出现的一些新情况和新问题进行全国性的整体调查研究，近年亦是无人涉足。以致国人对当前国内新闻传媒人的总体人力资源和从业生态状况、精神与物质需求、心理生理健康状况、职业满意度和忠诚度、创造力和传播力等最基本的人力资源和从业生态要素还缺少准确、定量的了解，而这对优化我国新闻传媒人的从业生态、提升我国新闻传媒人的传播能力和人力资源效能、建设文化强国和促进新闻人的自身发展来说，都十分不利。

笔者先后在报纸、期刊和网络媒体工作过，有 10 多年的新闻传媒从业经历，且从业期间正处于新闻传媒业由事业到企业的深刻转型时期，对新闻人在转型期的从业生态有着较为深入的切身体验。这也是我在硕士、博士和博士后期间一直关注新闻传媒人研究的一个动因。从 2003 年笔者在

《新闻战线》发表《记者为何成为“高危人群”》一文至今，已有整整10年时间。粗略统计一下，10年来我先后在《青年记者》《中国记者》《新闻记者》《中国出版》等刊物发表了50余篇关于新闻传媒人（包括出版人和新闻发言人）的研究文章；主持参与了5项与新闻传媒人有关的研究；从2007年开始，连续多年对新闻人从业生态进行年度盘点；并于2009年和2012年进行了两次全国性的新闻人从业生态和新闻出版人从业生态的调查，先后有上千位新闻传媒人参与了该调查。

当前，新媒体、新技术快速发展，新闻出版“转企改制”等体制改革工作不断深化，技术和制度的双重转型给新闻传媒人的从业生态带来了深刻的影响，新闻传媒人的从业生态出现了一些前所未有的新问题、新情况，在这种情况下，我真心期待有更多的人关注新闻传媒人的从业生态，关注新闻传媒人的研究。

第二章

舆情监测与虚拟社会管理

微信、微博等微传播工具的发展使我们进入一个人人都有“麦克风”的时代，由此普通民众的知情权、表达权得到了极大改善。在民众传播热情高涨、微传播信息量激增的情况下，也出现了信息传播质量良莠不齐甚至一些谣言、欺诈、侵权、煽动等违法、违规信息泛滥的问题，这给虚拟社会管理带来了新的挑战。在当前各类民生社会问题引发的网络舆情事件时有发生、有时甚至引发现实社会冲突的情况下，加强虚拟社会管理、及时回应民众诉求，已经成为政府执政能力建设的重要组成部分。

微信将会成为舆情监测的新阵地

如果说微信在诞生之初还在尽量避免与“本是同根生”的腾讯微博“相煎何太急”，尽量保持自己和微博之间的差异，专注于免费的即时通信工具和各类基于手机的移动服务，还很难看出其媒体特性的话，那么在传统网民向手机网民快速转移、手机等移动用户快速增长同时微博的热度开始降温、用户增长遇到瓶颈的情况下，微信已经几乎是在不知不觉中发展成为一个不能忽视、影响力巨大的舆论平台。

据人民网舆情监测机构于2013年年底发布的《2013年中国互联网舆情分析报告》显示，2013年众多网友从微博的公众意见平台转向更为私人化的微信朋友圈。微信用户增长迅速，移动互联网开始成为社会舆论的新信源。2014年1月16日，中国互联网络信息中心（CNNIC）发布的第33次《中国互联网络发展状况统计报告》显示，随着有关部门对微博舆论的控制加强以及网民对微博新鲜度的降低，2013年微博、社交网站、论坛等互联网应用的使用率较2012年有所下降。在减少使用社交网站的网民中，32.6%的人转而使用微信；减少使用微博的人中，37.4%的转移到了微信。

自2011年1月21日微信发布针对iPhone用户的1.0测试版以来，仅仅过了不到3年时间，微信用户已经成为移动互联网第一大用户群。有资料显示，截至2013年11月微信注册用户量已经突破6亿，其中，海外用户超过1亿，成为亚洲地区最大用户群体的移动即时通信软件。

不仅微信庞大的用户群体使得微信的影响力日益显现，而且微信的用户增长速度同样说明微信的影响力不容忽视。有关资料显示，一种新兴媒体用户普及5000万人，广播用了38年，电视用了13年，互联网用了4年，微博只用了14个月。而微信从2011年1月21日测试到2011年年底，仅仅不到一年时间，用户已超过5000万。随后仅仅3个月用户已经突破了1亿。

腾讯董事局主席马化腾在谈到微信诞生的意义时，认为微信是腾讯的一次颠覆性的自我革命，是唯一一个完全基于手机来开发的应用，“很多人说腾讯（公司）是最早拿到移动互联网门票的公司，指的就是微信，很多朋友都用了。微信的确是唯一一个在手机上开始做的，并且是以手机为主的（应用），这在以前是不多见的。以前一般都是在传统互联网上做好，换掉屏幕，转到手机上，所以这个路径跟之前完全不一样”。“它充分利用手机和 PC 的区别，就是把人们用计算机的终端变成人随身的一个器官”，从而消除了在线、离线的概念。

谈到微信朋友圈的影响时，马化腾甚至认为微信是一个让腾讯微博的竞争对手新浪微博绝望的应用。“包括我们微博，虽然说活跃量跟新浪微博差不多，但是始终没办法突破，最麻烦的是新浪微博也没突破。所以就发现让新浪微博绝望的不是微博，是微信，特别是加了朋友圈之后产生的，不加朋友圈还没有，大家觉得不过就是这样，加了朋友圈大家发现大量实际上阅读朋友圈的私密社交比公开社交还有意思，很多话不喜欢公开讲，私下讲很好”。

事实上，随着微信的普及、微信朋友圈和微信群用户数量的快速发展以及人们开始使用微信产品时对于陌生人加入朋友圈戒备心理的削减，微信朋友圈的已经具备了公众传播的媒体属性。从目前来看，微信朋友圈的人数还没发现设置上限，如果朋友圈人数达到一个相当数量，其大众传播加人际传播的属性与微博无异。只不过其粉丝数量和转发数量是隐藏的，信息的分享更加隐蔽而已。

目前微信注册号分成两种：一种是针对普通用户的个人微信号；另一种是针对个人和企业认证用户的公众号。除了普通个人用户通过朋友圈用户数量的增长可以使微信变成小众甚至大众媒体外，一些公众微信号随着订阅和服务的用户超过百万，其大众传播属性和影响力已经十分明显。

虽然微信与微博相比，表面上还缺少微博用户粉丝众多的鲜明媒体属性，而更多地表现出人际私密交往的特征，每一个用户在微信上表面都是平等的，都很难分清哪一个是大 V、中 V 和小 V，但是，微信庞大的用户量和依托手机等移动媒体与用户的紧密黏合性，以及其事实上已经形成，只不过被技术手段隐藏了的媒体属性，使得微信的潜在影响力不容忽视。不仅如此，微信在舆论上的影响有其更加深入的特点，即更多表现为潜舆论和深层次情感层面上，因而其舆论影响力更不容小视。种种迹象表明，被视为“信息传递私密但社会动员功能更强”、用户数量也更为庞大的微信将会成为舆论引导和舆情监测的新“阵地”。

虚拟社会的管理难题

为了维持社会的正常运行，数千年来，我们积累了各种有效的实体社会管理经验。然而，仅仅数十年时间，其实，在国内真正快速发展也就十多年时间，我们众多习惯了传统社会管理模式的被管理者和管理者，几乎就在不知不觉中将管理和被管理的关系从实体社会转移到了虚拟社会。据中国互联网络信息中心（CNNIC）2014 年 1 月在北京发布的《第 33 次中国互联网络发展状况统计报告》显示，截至 2013 年 12 月，我国网民规模已经达到 6.18 亿，这个数字已经接近总人口的一半。如果去掉那些无法上网和不能上网的人，可以说虚拟社会中的虚拟社民估计已经达到了实体社会中实体社民总数的 2/3 ~ 3/4，占据了实体社民的绝大部分。

不仅如此，这些从传统社会一头扎进虚拟社会的虚拟社民，不仅数量可观、比率居高不下，而且对于虚拟社会的依赖程度和拥抱指数绝对不亚于传统社会。他们在虚拟社会里无所不能、无所不为，从婚恋择偶、购房买车、打情骂俏、家长里短，到辩论时事、参政议政、指点江山、调侃名流，乃至一些不法之徒利用虚拟身份蝇营狗苟、造谣诽谤、攻击社会。

根据有关统计，虚拟社会对实体社民的黏合程度还在不断增强，国内网民每天人均上网时间已经超过 3 小时，远超过看电视、读书阅报等的时间。如果将一个人一天的睡觉、工作时间各去掉 8 小时，在剩余的 8 小时时间再去掉买菜、做饭和吃饭，那么人们沉浸在虚拟社会中的时间已经超过了剩余时间的一半。如果再去掉上下班等工作生活的辅助和准备时间，那么人们的工作、睡觉和生活以外的闲暇时间基本上就“挂”在了网上。虽然，有时候一些人的虚拟生活时间与人的工作、生活等现实生活时间重叠，但是，对相当一部分人来说，虚拟生活已经基本取代或者融进了工作、睡觉以外的大部分实体生活。

在实体生活已经逐渐被虚拟生活侵占，实体社会已经越来越被虚拟社会取代的情况下，如何管理好虚拟社会，如何在这短短十数年虚拟社会迅速发展的时间内，准备好并调整好管理虚拟社会的思路，成了摆在每一个社会管理者和各级社会管理机构面前的一个严肃而严峻的问题。

早在2011年中央有关领导就曾明确提出要“进一步加强和完善信息网络管理，提高对虚拟社会的管理水平，健全网上舆论引导机制”。但是，提高虚拟社会管理，远远不是传统媒体时代通过舆论引导和行政宣传控制等手段能够解决的。可以说，2013年下半年出现的有关网络管理的司法解释，如“两高”《关于办理利用信息网络实施诽谤等刑事案件适用法律若干问题的解释》等，就是国家机关试图通过现实社会的法律手段来加强虚拟社会管理的一个明显信号。但是，如何解决好现实社会与虚拟社会的法律衔接与适用关系，仍然是一个不容易解决的问题。这些也从当前利用司法和执法手段打击网络谣言、诽谤和寻衅滋事等受到一定程度的非议和质疑而看出端倪。

如上述“司法解释”就根据实体社会对寻衅滋事罪的认定，规定了两种虚拟社会寻衅滋事罪情形。一是利用信息网络辱骂、恐吓他人，情节恶劣，破坏社会秩序的，依照刑法规定，以寻衅滋事罪定罪处罚。二是编造虚假信息，或者明知是编造的虚假信息，仍在信息网络上散布，或者组织、指使人员在信息网络上散布，起哄闹事，造成公共秩序严重混乱的，依照刑法规定，以寻衅滋事罪定罪处罚。根据《刑法》，犯寻衅滋事罪可处5年以下有期徒刑、拘役或者管制。

最高法新闻发言人对此做出的解释是：“在现实生活中，对他人随意辱骂或者恐吓他人，情节恶劣的，构成寻衅滋事罪。一些不法分子利用网络信息的迅速扩散、不易彻底根除等特性，借助网络辱骂、恐吓他人，社会危害性更甚。”

可以说，“两高”对于网络寻衅滋事、造谣、诽谤等法律解释及罪行认定是利用传统规范实体社会的《刑法》等法律来打击治理虚拟社会违法行为的一个有益的延伸和尝试。由于以往国家法律机关对虚拟社会治理缺少必要的管理经验和重视，法律治理手段长期滞后于虚拟社会的发展，对一些网络违法行为的治理缺少必要的法律依据，常常是束手无策，任由网络侵害行为的发生和发展。

虽然早在2002年国务院就颁布了《互联网上网服务营业场所管理条例》，但是这样的管理条例主要是针对互联网经营单位的管理。虽然其中涉及了“上网消费者”不得利用互联网上网服务营业场所制作、下载、复制、查阅、发布、传播或者以其他方式使用含有“散布谣言，扰乱社会秩序，破坏社会稳定”等的十类违法信息，但是该条例中并没有具体针对违反上述规定的“上网消费者”的具体处罚措施和适用范围。其“罚则”中列举的仍然主要是对网络经营单位违法行为的惩处。这使得有关执法部门在打击网络违法犯罪行为时，常常无法可依或者根据各自的判断进行执法处罚，导致量裁标准不一、随意性较大。

鉴于国情和虚拟社会管理的特殊性，对于虚拟社会的法律治理既缺少国外经验也缺少历史经验可资借鉴。“两高”利用实体社会的法律来打击虚拟社会造谣诽谤和寻衅滋事的司法解释具有一定的创新和探索意义。产生一些质疑和异议也就在所难免。如有关法律学者认为实体社会的寻衅滋事罪认定与虚拟社会不能一概而论：“在现实生活中，网络秩序已成为公共秩序的重要组成部分，但是网络秩序出现问题的危害性和公共秩序并不能相提并论。因此，在法院具体的审判中，对于造成网络秩序混乱和造成公共秩序混乱还应区别对待，不能一概而论。”

随着信息技术的飞速发展，人们利用网络等虚拟手段的交往、生活和参与政治、经济、文化活动的深度、广度还在不断延伸，投入虚拟社会的热情、精力和时间还将有增无减，虚拟生活对现实生活的取代和排挤还在加剧。如何利用好法律手段治理好虚拟社会，做到既有利于虚拟社会的发展又能有效打击违法犯罪，既与实体社会法律规范相衔接又能体现虚拟社会管理的特殊性成了考验新时期社会管理者执政能力和智慧的新问题，也是维持虚拟社会良性健康发展的必然需求。

网络谣言治理需要新思路

关于网络谣言的认定标准以及是否应该入罪，是否应该动用刑事、行政手段加以治理，2013年9月“两高”公布关于办理利用信息网络实施诽谤等刑事案件适用法律若干问题的解释后，其在网友中引起了广泛争议。其实，如果过度采取刑事、行政手段来治理谣言将会对正常的舆论生态产生不可忽视的负面影响。

网络谣言的产生与扩散有一定的社会土壤。一条谣言的产生除了造谣人的主观恶意而故意造谣，还有一些是出于讽刺现实需要而人为创作的。对谣言的传播而言，一条谣言之所以被广泛传播，众多接力式传谣者中除了一些明知是谣言出于发泄私愤或娱乐需求故意传谣外，还有相当一些人属于对谣言产生一定程度的信任，或半信半疑，或深信不疑而传谣，有的传谣者参与谣言传播不仅没有恶意，而且甚至还出于助人为乐或者积极行善等善良目的。

一条谣言传播越广，参与传播的人越多，从某种程度上说明信任这条谣言的人越多。毕竟，明知虚假的东西不会有那么多人故意去知谣传谣。而人们对谣言的信任越广越深或者谣言对民众的迷惑越广越深，则说明这条谣言与民众的心理倾向存在某种程度的契合。按照传播学中的“既有倾向”理论，受众对于与自己既有的主观心理倾向越是一致的理论，越容易接受；而对于与自己既有的主观心理倾向相矛盾的理论，或者拒绝或者进行自我心理辩解以消除这种矛盾，总之对于与自己心理倾向相矛盾的理论，总体倾向于拒绝。

从某种程度上说，受众对于一些负面的社会问题，比如涉及官员腐败、社会矛盾等问题的谣言积极参与广泛传播，从某种程度上反映了受众对这些社会问题的态度，或者虽不信任这类谣言，但出于发泄某种情绪参与传播，或者因为此类谣言符合了他们心目中对于官员和某些社会问题的心理预期而出于对谣言的信任和某种“正义感”而参与传播。

以往治理谣言的思路往往从提高公众的鉴别能力、增加信息透明度等角度出发，这些按照谣言的生成原理的思路，的确是一种治理谣言的必要手段。但是，很多谣言的产生不是凭空的，也不是少数几个人恶意中伤的结果。尤其是一些影响较大、传播面较广的谣言，绝不是仅仅一两个造谣者能够掀起的巨大波澜，一些全国性、全民性的谣言的生成与传播往往是有深刻社会原因的。很多谣言是社会情绪化的产物，而这种情绪化的广泛扩散是符合民众心理预期的结果。谣言也就自然随着这种情绪扩散和符合更多人心理预期而被越来越多的人信以为真地广泛加以传播。即便有一些鉴别能力高而不相信某一谣言却加以调侃式扩散，或者是故意以谣传谣的人，也是出于情绪宣泄的目的。

在这种情况下，一些所谓的谣言如果是符合社会预期、符合民众的心理期待，而民众参与谣言的传播仅仅是为了宣泄被压抑的社会情绪，那么，管理部门就不能轻易将这些谣言简单扼杀，仅仅通过对造谣者进行打击、压制甚至提升为刑事处罚就完事恐怕不行。此时，深刻查找这些谣言背后的社会原因、有效疏导社会不满情绪才是根治谣言的有效策略。

在中国古代，管理机构人员就有民间“采风”的习俗，通过“观风俗，知得失，自考正”来达到提高社会治理效果的目的。其中所采的“风”，即民间歌谣，并不全是事实确凿的，有的并不排除“谣言”的成分。但是，古代官员民间“采风”的目的是观察其中的民间情绪，吸收其中有利于提高社会治理能力的合理成分，而不是为了打击那些民间“造谣”分子。

如今在网络发达，特别是微博、微信等社交媒体快速发展的情况下，我们政府管理人员不必躬身于民间巷陌去劳心费力地“采风”，而是坐在办公室里只要轻点鼠标就能完成千百年前古代官员们必须经过车马劳碌才能完成的“采风”任务。而且很多时候，网民掀起的各种大“风”直接就能吹到自己耳朵里、眼睛里，吹到自己的手机和电脑屏幕上，但是如此便利的“采风”模式却无法吹醒一些官员昏聩的头脑。

面对来自众多网民之“风”，一些官员想到的不是“观风俗，知得失，自考正”，不是透过这些民“风”来“照照镜子、洗洗澡、正正衣冠”。对于一些对自己不利的、不想接受的网民之“风”，更是想方设法加以打击、限制，甚至不惜动用公权力和司法手段加以禁锢。这样不但不利于自身改过自新，不利于社会良性发展，更不是治理谣言的根本措施。

制度的力量与无奈

不久前，一篇关于传媒转型成败问题的最根本原因在于制度的文章在微信和微博上广为流传。文中认为传媒转型的成败不是技术而是制度，并列举了两个例子来证明自己的观点。

一是以门户网站为例。新华网的推出早于四大门户网站。1997 年 11 月开始上线，而新浪网 1998 年年底才成立上线，比新华网晚了一年多。2000 年 4 月，新浪网在纳斯达克上市，而新华网至今还未实现上市。二是以视频网站为例。央视网的推出远早于优酷、土豆。1996 年 12 月，央视网建立并试运行，而优酷网于 10 年之后的 2006 年 6 月才成立。

虽然，简单地拿新华网和新浪网，央视网和优酷、土豆网相比并不能完全说明制度在其中所起的作用，毕竟官方媒体和完全市场化的媒体所承载的职能并不相同：一个是背着意识形态的责任负重前行，另一个则是无牵无挂、轻装上阵；但是，新浪和土豆、优酷等市场化的媒体能够快速成长，的确离不开内部各种激励制度的有效发挥。制度的合理、有效的确是它们重要的制胜法宝之一。

其实，关于制度无论在社会发展还是媒体发展与转型中的作用，不管是国家管理机构还是有关研究学者都没有忽视其价值和力量。否则，国家不会花大力气进行各种制度甚至是一些根本性制度的改革，文化和传媒产业也不会推行文化体制和传媒体制改革，文化与传媒单位的市场化运作和转企改制更不会得到大力推进。

一些研究国家和社会治理包括经济发展的理论也具有重视制度的传统，像政治学、社会学和经济学中的“旧制度主义”和“新制度主义”就非常重视制度在经济社会发展中的作用，有的学者甚至还是“制度中心主义”和“制度决定论”者。比如，有人认为资本主义之所以最先在英国和荷兰产生，就是因为制度的原因，因为“那里首先有了有利于资本主义经济发展的政治制度和产权制度”。还有人认为马克思的著作中就包含着丰富的“制度主义方法论”。如著名经济学家稚诺什·科尔奈（Jánős Konai）就认为，“第一本对制度进行思考并产生持久性影响的著作就是马克思的《资本论》”，因为“马克思研究的主要对象是资本主义社会的政治—经济制度”。政治学者杨光斌在其《政治学导论》中更加直接地指出：“历史唯物主义其实就是关于制度变迁的理论。”

早在几年前，当一些传媒研究人员正在为“内容为王”还是“渠道为王”而争执的时候，笔者就曾发表文章《体制为王：我国传媒业发展的制度瓶颈》，提出了“制度为王”的观点。文中引用了耶鲁大学教授陈志武提出的制度是决定国家竞争力的最重要因素的观点：“在土地、资源、劳动力等生产要素基本可以自由流动的今天，决定国家竞争力的最重要因素是什么呢？是制度，是决定市场交易规则环境、保障私人产权的制度：哪个国家能提供最有利于市场交易发生的完善制度，能降低交易成本、保护个人产权，有公正的司法和有效的契约执行架构，它就会在国家间的竞争中脱颖而出，那个国家就更能从事高利润的经济活动，不用靠卖苦力。”

关于阐述制度的重要性，除了人们常常引用的也非常形象的七个人在没有计量器具的情况下如何使粥分得公平合理的“分粥的故事”外，还有“二战”期间美国空军怎样解决降落伞安全的故事可供参考。“二战”期间，美国空军降落伞的合格率为99.9%，这就意味着从概率上来说，每一千个跳伞的士兵中会有一个因为降落伞不合格而丧命。军方要求厂家必须让合格率达到100%。厂家负责人说他们竭尽全力了，99.9%已是极限，除非出现奇迹。军方就改变了检查制度，每次交货前从降落伞中随机挑出几个，让厂家负责人亲自跳伞检测。从此，奇迹出现了，降落伞的合格率达到了100%。

既然这么多人都已经看到了制度的力量，甚至可以说制度的威力，那么，我们在处理传媒企业发展、转型、内部利益分配甚至职业伦理等问题和矛盾时还会出现这样那样的问题——有的成功，有的失败，甚至有的破产倒闭，是我们没有认识到制度的价值，没有重视制度建设吗？我想答案是否定的。

事实上，不论是我们的传媒企业还是传媒管理机构，都非常重视制度建设和制度变革。我们并不缺少制度，不仅如此，我们建立的制度在某种程度上还有泛滥的倾向。那么我们的一些老牌、大牌的传媒企业为什么在参与国际竞争，甚至在国内与一些新办的媒体竞争中处于劣势呢？我想这其中既有制度的因素，也有制度的有效性，以及技术、环境等非制度的因素。有效的制度必须依靠正式制度、非正式制度、制度执行机制以及制度环境的有机统一。新浪网和优酷网、土豆网的制度确实有其先进之处，但是盲目照搬到新华网和央视网，恐怕不仅现有的宏观管理体制不允许，就是照搬之后如何处理好内部利益分配矛盾，如何处理好社会效益和经济效益的关系，也就是要处理好既要“打鸣”又要“下蛋”的问题，也很难取得良好的效果。

“路径依赖”的观点告诉我们，传统越重，制度创新就越困难。关于制度创新的理论则认为，当人们认为创新在制度方面的收益大于创新的成本时，创新的制度才会出现；否则，人们就不会愿意冒险去创新。目前，我们的传媒业转型也好，发展也好，缺少的不是制度，而是有效的制度创新和制度实施的环境。如果没有一个良好的外部环境，仅靠传媒业或某个传媒个体在制度建设和创新上孤军奋战，是很难突围成功的。这可能正是具体制度的无奈之处。

舆情监测成热门产业忧思

国人历来重视舆情。从春秋时官员专门下乡收集民谣“采风”，到现在利用信息技术进行舆情监测，都是重视舆情的表现。但是，舆情监测能够发展成一个规模可观且潜力巨大的热门产业，却是一件值得深思的事。一方面说明舆情受到了重视，这是好事，但是也从另一个方面说明，舆论或舆论环境或多或少出了问题；否则，怎么会有这么多舆论和舆论衍生的生意可做呢？

有资料显示，目前舆情监测产业的规模年产值在百亿元以上，其中舆情软件市场达10亿元，舆情信息服务业达100亿元。虽然舆情监测市场缺少准确的权威统计，但是，从目前无论是官员、明星、企业家，还是政府机构、企事业单位纷纷对舆情监测投入的重视以及网上删帖、网上水军等网上公关业务的风生水起，大家也可以从中一窥舆情监测市场的可观规模。

舆情监测市场之热，几乎超出想象。国内某较早提供舆情监测服务的网络舆情服务机构在线舆情服务的一年年费或一个项目的费用可达几十万甚至成百上千万元，2013年仅此项收入据其内部人士估计就突破1亿元。生意之好，以至于“区、县一级政府的小单子我们都不怎么做的”。另一家规模较大的舆情监测机构“2013年的营业收入增长将超过160%，达5000万元以上”，其舆情监测的负责人2013年前8个月“有一半时间是在内地小城市度过的。这些区、县把他请过去，为的是想建立一套监测互联网舆情的系统”。

国内出版最贵的杂志，并不是化妆品、美容或者奢侈品画报，也不是发行量少单价成本高的学术刊物，而是舆情监测之类的内参。某舆情监测内参，每期发行一万多份，每份每年订阅价格达3800元。虽然发行量不大，但其年发行收入直逼通俗畅销杂志《知音》《读者》。被网友调侃为史上最贵杂志。

与舆情监测市场火爆相对应的是舆情监测人才的紧缺和舆情监测培训市场的火爆。国内不仅出现众多从事舆情监测培训和发证的机构，而且，各地政府和非政府组织的舆情监测相关培训不断。虽然培训班收费不菲，但是参加培训者从政府官员、媒体从业人员到准备从事舆情监测的学生，每次都人满为患。舆情分析师也被一些报道称为月薪最低6000～8000元的“朝阳职业”。

舆情监测产业火爆绝不是一个正常现象。从舆论产生的原因来看，舆论是人们对于一些社会问题的意见和看法。在舆论形成的过程中，社会问题始终是根本性和第一位的。当社会问题合乎人们意愿时产生的往往是正面舆论，而当社会问题与人们的意愿相冲突时，往往产生的是负面舆论。如今，舆论受到前所未有的重视，舆情监测甚至开始产业化发展，很大程度不是冲着正面舆论来的，毕竟不论是单位、组织还是个人，虽然喜欢听好话，热爱正面舆论，但是还不至于去花大价钱让别人帮助广泛收集众人赞美的信息。如此，说明舆情监测火爆只有另一个解释，那就是这些花大价钱请别人帮助监测舆情的是害怕负面舆论给个人或者组织机构带来不良的影响。而这些个人或者组织之所以有那么多负面舆论需要别人帮助打理，从某种程度上说明这些个人或组织在某些方面出了问题，有了让负面舆论生成的原因和基础。

舆论监测生意的火爆往往带来两个更加值得注意的问题。

首先是舆情处理本末倒置。舆情从某种程度上说是现实情况的客观反映。只有现实出了问题，才会导致“舆论满天飞”的现象。而如果一些个人、机关或者其他企事业单位不注意从现实层面解决问题，而一味去监测舆情，跟着舆情跑，甚至不惜人力、物力四处删帖“救火”，势必会出现舍本逐末的情况。最终无暇无力解决现实问题，只会导致现实矛盾愈演愈烈、舆论环境更加恶化的局面。

其次是舆论处置腐败。这其实是行政腐败的一种新表现。适当进行舆情监测，了解百姓需求和政策得失，以便及时调整政策，更好地服务群众，这样做无可厚非。但是，一些官员和机构并不是从服务群众的出发点收集监测舆情，而是为了维护自己的执政形象和头上的乌纱帽来监测群众的言行。他们发现不利于自己的舆情不是调整自己的个人言行、工作作风和执政方式，而是不惜代价和手段四处删帖、封堵压制不同意见和不利于自己的言行。这种做法实质上是官僚主义和腐败行为的一种表现。

对一些政府机构来说，过度的舆情监测必然要进行大量人力、物力的投入。这些投入根本上都来自纳税人的贡献。如果不加克制，不适可而止，仅仅从维护个人政绩和形象出发的需要来进行舆情检测，势必会浪费大量本来可以更多用在民生服务上的财政税收资金。而目前这种在舆情监测上过度盲目投资的做法并没有引起重视。从中国政府采购网的一些舆情监测招标项目来看，少则数十万，多则数百上千万，这还不算每年升级维护的费用。可以说，舆情监测已经成为一些机关单位的又一项烧钱工具。

舆论的充分透明开放，从某种程度上说是建立健康、理智的舆论市场的必备条件。约翰·弥尔顿（John Milton）曾经提出过“观点自由市场”的说法，认为真理是通过各种意见、观点之间自由辩论和竞争获得的，而非权力赐予的。必须允许各种思想、言论、价值观在社会上自由的流行，如同一个自由市场一样，才能让人们在比较和鉴别中认识真理。

对于一些在国家法制许可范围内的舆论，不妨让其在“观点自由市场”上自生自灭或自我修正，没有必要浪费大量人力、财力去过度监测，更没有必要去四处删帖“救火”。如此不仅可以省下大量人力、财力去解决现实问题，减少负面舆论产生的基础，而且可以锻炼群众自身的舆论鉴别力，从而形成自身净化舆论环境的良好舆论生态。

谣“盐”风波与媒体公信力缺失

莎士比亚说：“谣言是一支凭着推测、猜疑和臆度吹响的笛子。”每当社会出现动荡、环境发生突变的时候，谣言这支魔笛总要吹出一些荒诞的噪声，而且总比平静时期更加兴风作浪，更为变本加厉。日本核辐射危机发生后，因为轻信“碘盐能预防、治疗核辐射”的传言，席卷国内 31 个省、市的抢盐风潮是谣言这支魔笛魔力疯狂发作的又一次例证。同时它也是检验大众媒体在突发性危机事件中传播力、引导力与公信力的一次实战演练。抢盐风潮席卷全国事件让我们也开始反思：媒体为什么在突发事件中的引导力那么微弱，专业化的传播机构和强大的传播机器为什么在最古老、最不专业甚至被称为是“乌合之众”的民众的口口传播面前那么不堪一击。

根据相关媒体报道，我国绍兴、上海等东部沿海地区从 2011 年 3 月 14 日开始出现抢盐苗头。事件的起因之一是绍兴等地每年春夏之交有腌制梅干菜的习俗，因为腌制梅干菜需要购买大量食盐，加上一些核辐射的传言，买得就更多了些，随着口口相传的误差，买盐便变成了“抢盐”。这也使绍兴、上海这些东部沿海地区成了抢盐风波的始发地。之后，随着网络信息的扩展传播，数天之内，抢盐风潮席卷我国大江南北。

事件发生后，一些传播学者开始关注并反思这一谣言传播事件和媒体在制止谣言中的表现。南京大学新闻与传播学院杜骏飞教授在微博中表示“在如此高密度的新闻覆盖下，辐射袭击传言还能风传一时，甚至酿成抢盐风波，这说明了什么？1. 政府应对传言回应不够及时、也不够直接。2. 国际报道多了，服务型报道不足。3. 新闻轰炸，过犹不及，受众不得要领。4. 公众对政府及媒体有沿袭的不信任。5. 更为先验的是，底层百姓的危机感如干柴待烈火。”北京大学新闻与传播学院刘德寰教授也发出了这样的“盐核断想”：“核危机，突发事件；盐哄抢，信任危机。当今中国面临的最严重的问题之一就是信任缺失，人们已经习惯于不信任正式渠道的信息，对所有非正式信息，无论是谣言、谣传、小道消息都来者不拒，原因何在？至少三点：主流渠道有过多事情不全面报道；赞歌多到与人们的感知不相符；非主流信息经常被证实。”

作为抢盐风潮事件的关注和经历者，笔者对这次谣言风波也深有体会。在谣言风波高潮、媒体和政府新闻发布机构已经迅速发布大量引导辟谣和食盐供应充足信息的 2011 年 3 月 17 日当晚，笔者专门前往一些超市察看媒体和政府机构应对突发事件的传播效果，但是结果却不尽如人意。抢盐风潮并没有因为这些辟谣信息经大众媒体特别是电视的大量传播而产生立竿见影的效果。以致，笔者在微博上发出了这样的感慨：“媒体图文并茂地展示，我们有的是盐，可是我晚上到超市，盐仍然是个传说，面对空空如也的超市盐架，让百姓如何能相信媒体和辟谣的官员，与其在媒体上做文章，不如把盐直接拉到超市、小区，甚至上门直供更有说服力。”虽然，短时间组织大量食盐和人力到超市和小区进行上门直供的想法很难实现，但是，事实证明，最终抢盐风潮的平息与食盐的加班生产和动用应急储备的大量供应而造成的事实说服力有很大的直接关系，与媒体平息谣言的信息发布至多只能有辅助的间接关系。出现这种情况，与谣言的生成机制和媒体的公信力有很大关系。

研究谣言的奥尔波特（Gordon Willard Allport）等学者曾提出过一个谣言传播的定律，认为谣言的传播与谣言对传播者的重要程度和谣言的模棱度成正比，而与公众对待谣言的批判能力成反比。即“公众愈认为重要的讯息，同时愈感到模棱不清的讯息，传播得愈广愈快；而公众的批判能力愈强，则这些讯息的传播量愈稀少。”从抢盐风潮来看，碘盐的意义在民众的传言中可以防止核辐射，具有关乎生命的价值，符合谣言传播重要性的条件，而公众对媒体的信任度降低和媒体早期对于防止核辐射知识与碘盐常识普及的不足，导致了受众对谣言模糊性的增加和判断能力的降低。这些因素的综合导致了谣“盐”风波的泛滥。

长期以来，不论是大众媒体还是相关研究者都习惯于沉浸在民众对大众媒体的“媒体依赖”幻想中。从表面上看，根据一些调查数据，民众每日接触电视、网络的平均时间都在2小时以上，接触报纸、期刊的平均时间也在半小时左右。但是，民众对大众媒体的接触时间与对大众媒体的信任程度和大众媒体的影响力并不成正比。由于一些大众媒体长期以来或者从自身经济利益最大化的需要出发，或者从迎合上级宣传需要的政治利益最大化的需要出发，一味娱乐、愚乐受众，甚至少数媒体不惜掩盖矫饰事实，误导受众，缺乏对受众知识、智识的培养，以致受众从根本上把大众媒体当作娱乐工具，对大众媒体的报道，特别是突发事件等紧急情况下的报道持围观和质疑的态度。

2003年“非典”期间，南京大学社会学教授周晓虹主持的“五大城市非典舆情调查”显示：只有46%的人相信官方每天公布的非典疫情报道和有关数字，明确表示自己“不太相信”“不相信”“拿不准”的人占到了三成，有近两成的市民对于非典流行时期的官方正规报道和小道消息“不知道信谁的”。复旦大学廖圣清等学者在全国进行的媒体公信力抽样调查也显示：中国大众传媒公信力水平偏低，电视、广播和报纸的公信力水平都没有达到“良好”。

网络谣言的兴盛与治理

据中国国家互联网信息办网络新闻协调局局长向记者介绍，据不完全统计，有关部门自2012年3月中旬至4月中旬已清理各类网络谣言信息21万多条，依法关闭网站42家。此前，国家互联网信息办公室发言人也曾披露，针对一些不法分子在互联网上无端编造、恶意传播所谓“军车进京、北京出事”等谣言，以及少数网站违反国家相关法律、法规，疏于管理，致使网上谣言传播，造成恶劣社会影响等问题，电信管理部门已经依法对梅州视窗网、兴宁528论坛、东阳热线、E京网等造谣、传谣、疏于管理造成恶劣社会影响的网站予以关闭。

北京大学社会学系教授夏学銮认为：“网络谣言具有隐蔽性、炒作性、攻击性、报复性、宣泄性、诱惑性、强迫性等特点，已成社会‘毒瘤’。”因此，网络谣言很容易成为引发社会震荡、危害公共安全的因素。在当前，微博、即时通信等新的传播方式和手段给人们带来便利的同时，如何消除信息传播的副产物——谣言带来的影响，已经成为人们无法忽视的一个重要问题。

在中国古代，谣言指不用乐器伴奏的歌唱，具有民间性、自由性、随意性的特点。引申意为没有根据的传闻或凭空捏造的假话。清华大学刘建明教授认为：“谣言作为舆论出现，是众人传播虚假事件的行为，但多数传播者并不认为它是假的。因此它和谎言不一样，说谎者意识到说的是假话，一个人或少数人造谣生事仅仅是谎言。可见谣言是指众人无根之言的传播，又称谣诼、流言、谣传等。”

有的学者习惯将谣言称为流言。关于其生成的原因，中国人民大学陈力丹教授在他的《舆论学》一书中认为：“流言是公众应付社会生活的一种应激状态，是公众解决疑难问题的不得已形式。鉴于此，应当把流言视为公众在特殊的社会状况下，表达的意见或情绪倾向。”他还综合我国社会心理学家沙莲香和国外研究流言的学者观点，把这种产生流言的“特殊的社会状况”概括为四种：“第一，社会秩序遭到人为力量的较大破坏，从而出现社会危机；第二，社会表层与社会深层（基层，下层）之间严重脱节，社会深层群体替代社会表层组织的基本功能之时；第三，人们的信息需求大于体制性渠道的消息供给，或者为适应环境必需的信息无法及时获得；第四，公众所处的较大群体，特别是无组织群体，或者一定的社会空间环境，存在较大的刺激性因素。”

具体而言，谣言产生的直接原因来自人们对环境危机的应激反应。谣言的产生和人们的危机状态分不开，每一次大的社会动荡，都会引起广大社会成员的危机感，从而出现大量谣言。美国社会心理学家奥尔波特和波斯特曼在他们的《蛊惑心理学》一书中，就列举了“二战”期间发生在美国的大量谣言，并且发现：越是在与美国人有利害关系并且又暧昧不清的事情上谣言越多。

谣言的生成还与媒介公信力的缺失与公众的鉴别力低下有关。正如刘建明教授所言，“大道消息不畅，小道消息必然兴风作浪”。当体制性渠道的信息供给不能满足公众的信息需求时，公众必然会寻找并选择民间的信息渠道，这就给谣言的兴风作浪提供了契机。由于信息具有能够消除人们不确定性的特点，愈是出现环境危机，人们对信息的需求和依赖愈是强烈和迫切。这就又给谣言的盛行和流传提供了动力。

谣言的盛行同时与媒体的公信力缺失有很大关系。长期以来，不少媒体不是从受众信息需求出发，而是以上级的宣传需要出发，一些受众关心的信息是能藏的藏，能压的压，而受众不太关心的事却肆意渲染。当一些突发事件发生时，由于主流媒体不做报道，就造成了一时网络、微博、现实中谣言四起的局面，这与一些媒体长期形成的公信力不高有很大关系。

谣言产生的深层原因还与公众的恐慌心理有关。刘建明教授认为：“环境的变动一旦具有危机性，对人们的感受是坏事多于好事，坏事不仅来自客观现实，也来自人们的判断。判断的误差以及梦幻般的联想都可能臆断出未发生的事件，捏造或误传的事实一旦符合人们的臆测，就变成了谣言。”

当然，谣言产生还有其他一些原因。比如，人们对现实不满，也会用谣言来宣泄；有时为了给枯燥的生活增添乐趣，也会靠谣言来搞笑；还有的人为达到不可告人的目的，也会造谣生事……这些大多与造谣者的心理畸变有关。

网络谣言之所以盛行，既与当前改革开放社会急剧转型人们信息需求量较大，不确定性增加有关，也与当前媒体公信力缺失和人们的鉴别力不足有关。而社会利益分配的不公、一些人对现实不满也是导致其通过造谣、传谣来进行心理宣泄的原因之一。

在这种情况下，要想减少谣言的传播，特别是降低网络谣言盛行的局面，除了通过网络等媒体提供充足的正面信息和事实加以引导外，还应该从完善社会分配机制、提高媒体公信力、提高公众媒体素养和鉴别力等角度，从根本上改善谣言滋生的土壤，阻断谣言传播的链条，从而降低网络谣言的传播动力与频率。

怎样用好自媒体的“麦克风”

尽管假新闻人人喊打，但是层出不穷的假新闻仍然像一群打不尽的老鼠，招摇过市，四处乱闯，且防不胜防。

微博、微信等自媒体的出现，使我们进入了一个“人人都有麦克风”的时代，但是这也给假新闻和谣言的传播带来了便利。每一个缺少专业鉴别眼光和鉴别精力、刚刚手拿“麦克风”的人，都有可能成为谣言和假新闻的帮凶。或路见不平一声吼，或有了快感我就喊，自由传播的欢愉，往往使这些刚刚当上自媒体“主编”的草根们忘记了甄别信息真伪的责任，遇到痛快不痛快的、开心不开心的事，一律对着“麦克风”喊上一嗓子。如此，谣言和假新闻便有了无数双隐形的翅膀。

自从微信、微博等自媒体出现以来，虚假信息数量一直有增无减，造假形式也不断翻新，层出不穷。2012 年有媒体专门总结了“十大微博谣言”。具体包括“吃大盘鸡会得艾滋病”“送迷路的小孩回家按电铃会被电晕抢劫”“一闻就倒的迷魂药和割肾传说”“尸油煮米粉”“超可爱小女孩周萌萌被拐”“快递公司有你的包裹却不知道地址，是骗你下楼拉你上车”“鸡蛋袭击车窗前挡风玻璃不能开喷水和雨刮”等，事实证明都属子虚乌有。其中，一则美国护照和中国护照对比的谣言称，“在美国护照中有这样一句话：不管你身处何方，美国政府都是你的强大后盾”，而在中国护照中只有这样一句话：“请严格遵守当地的法律。”事实上，美国护照和中国护照上均没有这样的话。

微博、微信等网络媒体还对传统媒体的新闻生产流程提出了挑战。网络自媒体在给传统媒体提供很多便利的新闻源的同时，也给传统媒体带来了很多虚假的信息，从而成了麻烦制造者，成了假新闻的源头。2010 年 12 月 6 日，一条关于“金庸先生去世”的消息在微博里广泛流传，《中国新闻周刊》负责新浪微博的编辑在饭否和新浪上看到这条新闻后，未做任何核实便草率转发了这条微博。事后被证实是假消息。《中国新闻周刊》官方微博就转发"金庸先生逝世"的假消息曾两次向网友道歉，此事最终还导致了该刊副总编辞职。后来，有关鲁迅作品被大量踢出中小学教材的"鲁迅大撤退"报道，也是首先在微博发布后被传统媒体不加鉴别地进行转载，导致假新闻进一步扩散。

2013 年 5 月 2 日原国家新闻出版总署发布的《关于中国新闻网等媒体虚假失实报道查处情况的通报》中，通报批评了 3 起引起社会广泛关注的虚假新闻事件。具体有：2013 年 3 月 25 日中国新闻网刊发中国新闻社广东分社记者的报道《深圳 90 后女孩当街给残疾乞丐喂饭感动路人》，《中华工商时报》关于天然气将大幅涨价的报道《天然气市场化改革踏上"最后一公里"》，以及 2013 年 4 月 7 日江西《信息日报》刊发该报记者的报道《流浪 9 年回家瞬间变"富翁"》均属于媒体对虚假信息不深入核实所致。这些信息或者先在微博、微信中转发发酵后为传统媒体所采信，或者直接由传统媒体发布后经微博、微信等自媒体大量转发放大，导致了虚假信息满天飞。微博、微信等自媒体一下子成了虚假新闻的帮凶。

假新闻的传播往往利用了网民的一些扬善惩恶、仗义执言、热心社会正义的善良心理。如在微博上广为流传并被传统媒体报道的深圳"90 后"女孩当街给残疾乞丐喂饭的消息就是利用了人们心理中善良且喜欢弘扬美德的一面。而"中纪委要求高官留学子女毕业一年内回国""中国每年失踪儿童不完全统计有 20 万人左右，找回的大概只占 0.1%""刘志军坐拥 374 套房"，以及博主"本溪水洞公安局局长张雷"爆料其父与其妻乱伦生女等报道或微博消息，大都出于网民关心社会问题、对丑恶不良行为痛恨等心理。当然，也有一些假新闻和谣言的制造者本身出于一种唯恐天下不乱和报复社会的心理，并利用了一些人类似的阴暗心理而故意造假、传谣。

防范微博、微信等自媒体谣言，对一些个人和非专业机构来说，提高传播者的自我鉴别能力和责任心是最基本要求。对一些专业媒体而言，除了提高发布人员的责任心和鉴别能力外，还要建立一套行之有效的把关和鉴别信息真伪的生产流程和管理机制。2013 年 6 月，方舟子针对微博上传言美国因为“棱镜门”泄密者斯诺登留在香港而准备“轰炸香港”的谣言发表微博称：“美国有一些小报，专门捏造假新闻进行讽刺，因为极度夸张，美国人都知道是假的，却被中国名人信以为真，义愤填膺。”这也说明，微博、微信等自媒体的传播者提高鉴别信息真伪的素养，对于拿好人人手中的“麦克风”十分重要。

当人人都有了“麦克风”之后，如何用好“麦克风”就成了头等重要的问题。微博、微信等自媒体使更多的普通人享受到了传播与分享自己感兴趣的信息的快乐，也给了传统媒体获取更多新闻线索和采写制作新闻的便利。但是，微博、微信等自媒体同样也是谣言和虚假信息滋生的优良土壤。如果转发的人和二次传播的传统媒体不加鉴别，不建立有效的鉴别机制，只会助纣为虐，毁坏我们每个人手中的“麦克风”。

第三章

新闻发布与新闻发言人

从本质上来说，政府新闻发言人是一个政府为满足公众知情权而专门设立的一个服务人员，是协调政府与媒体、公众关系的公共关系人员。但是，现在的一些政府发言人却把自己放在了服务公众和媒体的相反方向。他们有的把自己看作是“官”，高人一等，不愿意真诚地提供必要的信息服务，有的把自己的职责看作是“对付媒体”，遇到突发事件等情况，则千方百计地掩盖信息，刁难阻挠媒体记者。这种职业理念上的偏差和落后，成为我国政府新闻发言人职业欠成熟的最明显的标志。

新闻发言人的公信力从何而来

不知不觉中，信任成了一种稀缺资源。也正因如此，一些本来看似微不足道的信任，却常常令我们感动不已，而一些最不该缺失的信任，又往往让我们愤愤难平。

2013 年 5 月 10 日晚，正式卸任阿里巴巴 CEO 一职的马云在杭州举办的“淘宝十周年”大型晚会上发表演说时，特别强调了信任的重要性，认为是信任让阿里走到今天。马云说：“是什么东西让我们有了今天，是什么让马云有了今天，我是没有理由成功的，阿里没有理由成功，淘宝更没有理由成功，但是我们今天居然走了这么多年，依然对未来充满理想，其实我在想是一种信任。”

他说，20 年以前也好，10 年以前也好，我从没想过，连我自己都不一定相信自己。但现在，居然你会从一个你都没听见过的名字叫“闻香识女人”这里，付钱给她，买一个你从来没有见过的东西，经过上千上百公里，通过一个你不认识的人到了你手上。今天的中国拥有信任，每天 2400 万笔淘宝的交易，意味着在中国有 2400 万个信任在流转着。

的确，马云和阿里的成功来自他们长期以来对于信用的日积月累。信用是一个好东西。不仅经济学家认为，信用作为一种资源可以降低交易成本。而且，信用作为一种政府资源、社会资源，同样可以广泛地降低我们个人生活、生存和社会和谐与发展的成本。

然而，这么稀缺重要的资源却往往没有得到应有的重视。2013 年 5 月，因为国家发改委副主任、国家能源局局长刘铁男涉嫌严重违纪被调查，再一次把公众与政府新闻发言人之间的信任，把政府新闻发言人的公信力问题提到了公众的议事日程，推到了舆论的风口浪尖。

2012 年 12 月 6 日，媒体人罗昌平在微博上实名举报时任国家发改委副主任、国家能源局局长刘铁男涉嫌伪造学历、与商人结成官商同盟，同时还详细披露了刘铁男与商人涉嫌官商结盟，骗取巨额贷款的内幕等问题时，国家能源局新闻发言人此次的反应却是出奇地快速、坚决。仅在微博发布的数小时后，国家能源局新闻办公室有关负责人就立即回应，上述消息“纯属污蔑、造谣”。“我们正在联系有关网络管理部门和公安部门，正在报案、报警，将采取正式的法律手段处理此事。”

这种在第一时间快速反应，态度坚决、毫不含糊的做法从新闻发言工作和危机处理的“技巧”来看，绝对属于天衣无缝，堪称精彩典范。然而，随着刘铁男最终的东窗事发，事实却是吊诡的。辟谣的人却是真正造谣的人，被认为是无中生有的人却是真实可信的人。以致《人民日报》的人民微评也实在看不下去了，发表了言辞尖锐的评论。这条“人民微评：刘铁男带来的启示与警示”称，“从被实名举报，到新闻办负责人否认严斥，再到今天证实接受调查，刘铁男的‘剧情’跌宕起伏。实名举报在先，组织调查在后，这再次说明，创造条件让公众监督，是反腐制度化不可或缺的正能量。同时也要警醒：新闻发言人本是公职，怎会沦为‘家奴’，为个人背书?”

从铁道部新闻发言人的“不管你信不信，反正我信”，到国家能源局新闻发言人沦为“家奴”，睁眼说瞎话，公然污蔑实名举报人是“纯属污蔑、造谣”，我们看到，一些政府新闻发言人已经面临着严重的信任危机。可怕的是这种信任危机显然具有“蝴蝶效应”，具有很强的传染性。人们对于这些国家高层部门新闻发言人的不信任，必然导致对新闻发言人整体公信力的怀疑，同时也导致对政府新闻发言人背后政府公信力的质疑。这些少数新闻发言人导致的发言危机，不仅仅导致少数人的信用扫地，也给政府新闻发言工作带来难以估量的损失。

当然，新闻发言人沦为“家奴”的背后，有着新闻发言人难以言表的的苦衷，也有着深刻复杂的社会环境原因。毕竟，在言论不畅、新闻发言人身不由己、言不由衷等社会压力之下，在一些特殊事件中新闻发言人想如实发言还比较艰难。但是，你可以不说话、少说话，但是绝对不可以说假话，这是新闻发言人最基本的底线。否则，新闻发言人失去的不光是自己的名誉和信任，还有自己背后政府部门和整个新闻发言人群体的荣誉和信任。

公众对政府新闻发言人的信任，不是建立在发言人机谋精巧的发言技巧上，不是建立在发言人整洁得体的衣着仪表上，也不是建立在发言人的职位高贵和音容笑貌上。公众不关心发言人的技术和外表，公众关注的是事实和真相。一个没有真实的发言，不管你打扮得多么得体、华美，表演得多么精彩、巧妙，最终终将成为风中败絮、民众笑谈。

重建政府新闻发言人的公信力，请政府新闻发言人“爱惜自己的羽毛”，从每一位新闻发言人做起，从每一次新闻发言做起。政府新闻发言人的公信力来自日常的点点滴滴、平时的日积月累，否则会导致平时发言无公信、急时发言无人信。

新闻发言人的职业不成熟

美国有学者把新闻发言人称为“和谣言赛跑的人”。新闻发言人要想和谣言赛跑，跑的不光是快速反应能力，还有如何赛跑的技巧和跑得起来的实力。在现实的“赛场”中，新闻发言人被谣言所败，甚至被谣言所绊倒的例子屡见不鲜。

在 2011 年 7 月 23 日的温州动车追尾事故后，铁道部新闻发言人的发言不仅没能够消除媒体和公众的疑虑以及由事故产生的各种谣言，甚至发言人的发言和自身表现反而成了公众嘲讽、调侃、取笑的对象。这是新闻发言人发言失败的一个很典型的例证。

对一个新闻发言人来说，要想取得发言的成功，至少在职业理念上应该有所敬畏，在职业和日常行为上能够懂得有所尊重。

首先是敬畏真相，尊重事实。新闻发言人从本质上说，是一个以提供新闻真相为职业的人，是一个和真相打交道的人。然而有的新闻发言人为了自身和所代言机构或个人的利益而设法掩盖真相、误导媒体和公众。但是这种做法最终只能是搬起石头砸自己的脚，使其失去做一个新闻发言人的资格。这样的新闻发言人肯定也无法在和谣言的“赛跑”中赢得佳绩。

谣言止于真相，真相是最好的防谣剂。谣言四起的原因是因为公众为假象所蒙蔽，而相信了假象。对新闻发言人来说，要想让自己的发言打败谣言，除了及时、准确地提供事实和真相以外，如何让自己的发言能够有利于媒体和公众接近真相、相信你所呈现的一切，从而取得媒体和公众的信任是最基本的工作职责。这就要求新闻发言人必须处处重视自己作为发言人的公众形象，打造发言人的公信力。

打造新闻发言人的公信力，离不开发言人的长期积累与修炼。在现实生活中，一些发言人在日常的发言工作中不注重自身公信力的积累，为了代言机构的眼前利益，以牺牲长期的公信力来换取一时发言“成功”的事例不在少数。这种日常工作中不注重防微杜渐的结果，将直接导致其在一些重大事件的发言中失声、失态和失信。

铁道部新闻发言人之所以在动车事故发言中失败，很重要的一个原因是铁道部的一些日常发言缺少客观、公正和公信。比如在温州动车事故发生前不久，针对高铁接连出现“5天6起”故障的外界质疑，铁道部发言人总是以轻松的应对来表现出自己对高铁安全性的自信和盲目乐观。认为“实际上，目前中国高铁的技术水平远高于日本新干线”，“新干线与京沪高铁完全不在一个相提并论的层次。无论速度还是舒适度，无论是线上部分技术还是线下部分技术，差距都很大”。

对于公众质疑京沪高铁电网因遭受雷击而两次发生断电事故，铁道部新闻发言人不但没有从自身查找原因，引起重视，反而引用一位被称为“在高铁技术研究领域内拥有高度权威的”日本专家不负责任的说法，认为“行驶中的电车遭遇雷雨在任何国家都是无法避免的，这种情况不能称为事故，而是一种突发的自然现象”，“停电反而验证了中国高铁在安全技术领域内值得信赖”。[见2011年7月15日《人民日报》(海外版)]

可以说，这些日常不注重细节、缺少对事实尊重和真相敬畏的发言，直接导致了铁道部新闻发言人在关键时刻，即使声称在发布会上“自己没有说假话和违心的话”，甚至直接表白“不管你们信不信，我反正是信了”，但是媒体和公众仍然对其表示怀疑。

其次是敬畏职责，尊重公众。新闻发言人作为所代言机构和个人用来和公众沟通、处理公共关系的代言人，不管你职务多高、地位如何，从根本上说都是一个为公众服务的人。新闻发言人作为公共关系人员，其职责也是为了改善与社会公众的关系，促进公众对其代言组织或个人的认识、理解及支持，最终达到树立良好形象的目的。同时，新闻发言人作为公关人员还应该遵守公共关系中公众利益至上的基本原则，甚至关键时刻要不惜牺牲眼前利益，也要把公众利益放在首位，从而赢得公众信任换取长远利益。

然而，在现实中一些发言人忘记了自身服务公众的职责，不仅不尊重公众，反而以欺骗、愚弄公众为能事。有的甚至对作为公众利益代言人、联系公众与事件真相桥梁的记者也冷嘲热讽、百般刁难，甚至封杀、驱逐、恐吓和殴打。如2011年上半年媒体报道的某大型企业发言人“调戏”女记者事件就是一例。该发言人面对广东某报女记者的采访要求，称“我是高级记者出身，你们过来搞得我跟我老婆泡温泉都没泡好。你不要玩弄老同志”，并称“我对你没兴趣!”这种对待记者的态度是对记者和公众利益的不尊重，同时也是缺少职业精神的典型表现。

我国自20世纪80年代实行新闻发言人制度以来，如今新闻发言人已经遍布从中央到地方各级政府和各行各业，而且也成了一个至少在表面上风光的职业。但是，很多新闻发言人缺少对事实和公众的尊重、对真相和职业信仰的敬畏，而是以玩弄事实和真相、误导甚至欺骗公众为能事，这反映了当前新闻发言人职业上的不成熟。

国内新闻发言人离职业化还有多远

随着温州动车事故逐渐淡出人们的视线和铁道部新闻发言人王勇平的离任，人们对新闻发言人职业群体的关注也开始降温，一切似乎又回到了既有的轨道上“正常运行”。但是，在国内新闻发言人的职业化发展道路没有显著改善、职业群体素质没有明显提升、职业环境也没有整体改观的情况下，新闻发言人群体潜藏的危机和隐患并没有从根本上消除，下一个因发言不当而引发群体性不满的事件还会出现。

要想防止下一个类似动车事故新闻发布事件的发生和下一个“王勇平”的出现，除了从体制上建立一个鼓励新闻发言人敢说真话、鼓励信息公开的宏观环境，建立职业化的新闻发言人队伍是必由之路。

从职业发展的角度看，目前国内的政府新闻发言人群体职业化发展仍然任重道远。有媒体对比了 2004 年和 2010 年国家部委公布的新闻发言人名单发现，“来自办公厅、政策法规司和新闻宣传司的发言人最多，所有人中，没有一位是专职的”。这也从一个侧面说明了这个问题。

通常来说，判断一个职业是否成熟，主要可以从职业形成时间、从业人员数量、职业教育的发展情况和职业理念的形成几个方面来看。

第一，从职业形成时间来看，我国的政府发言人制度形成于 20 世纪 80 年代，以 1983 年中央有关部门下发《关于实施“设立新闻发言制度”和加强对外国记者工作的意见》为标志。从这个时间来看，我国政府新闻发言人职业的形成时间并不算长，尚不足 30 年，而国外新闻发言人制度的形成至少要比我国早 100 多年。早在 18 世纪 30 年代，安德鲁·杰克逊就成为最早聘用总统新闻发言人的美国总统。职业形成时间相对较短是我国政府新闻发言人职业发展滞后的一个原因。

第二，从职业群体规模来看，尽管从中央到地方的众多政府部门纷纷推出了自己的新闻发言人，单从群体上看，规模并不小，但是，这并不代表我国政府新闻发言人的专业性职业群体已经形成。原因是这个规模不小、人数不少的发言人群体，很少是专业性的新闻发言人，他们大都由各级政府秘书长或办公室主任，或各级政府部门的分管领导等兼任。他们大都缺少相应的媒体经验甚至必备的媒体素养。这导致了一些地方和部门的新闻发言人有名无实，甚至害怕记者、躲避记者，缺乏和媒体记者必要的沟通。

第三，从职业教育来看，我国新闻发言人的培养还缺乏专业的教育机构。尽管从中央到地方的一些部门也曾经搞过新闻发言人的培训，但是，新闻发言人教育仍然缺乏制度性，系统的学科理论还没有形成，从本科到研究生教育仍然总体处于空白状态。据媒体报道，2011 年，河南大学开始尝试设立“新闻发言人班”，计划招录 30 人，这应该是我国新闻发言人大学专业教育的最早尝试。职业教育和学科理论发展的滞后使得我国新闻发言人缺少必要的理论素养和专业的知识支撑，导致新闻发言人整体素质提升得缓慢。

造成我国新闻发言人职业化教育滞后于现实需要的还有一个不可忽视的原因，就是我国的新闻发言人培训和教育模式习惯照搬国外发达国家的经验。不仅一些高端新闻发言人培训师资直接来自国外海归人员，而且以盲目灌输国外做法为荣。这导致了国内一些新闻发言人培训严重脱离国内现实需求。如有位从事新闻发言人培训的学者在分析铁道部原新闻发言人王勇平在温州动车事故发言中的失误时曾指责他：“在班里多次强调要穿正装，他怎么穿着 T 恤衫就上去了?”这就是典型的照搬国外的教条做法。事实上，在当时记者和民众对事故怨气很重的情况下，如果王勇平身着正装，一副公事公办的样子和记者打官腔，很可能他在公众心中的形象会更差，更不会有一些人在王勇平离任后对他抱有一丝惋惜和同情。

第四，从职业理念上来看，目前我们的一些政府新闻发言人在职业理念上存在严重误区。从本质上来说，政府新闻发言人是政府为满足公众知情权而专门设立的一个服务人员，是协调政府和媒体等公众关系的工作人员。但是，现在的一些政府发言人却把自己放在了服务公众和媒体相反的方向。他们有的把自己看作“官”，高人一等，不愿意真诚地提供必要的信息服务；有的把自己的职责看作“对付媒体”，遇到突发事件等情况，则千方百计掩盖真相，刁难阻挠媒体记者。这种职业理念上的偏差和落后，成为我国政府新闻发言人职业欠成熟的最明显的标志。

大力加强新闻发言人职业化教育、及早构建一个职业化的新闻发言人群体，是提高我国新闻发言人的发言质量、提升新闻发言人应对突发性应急事件的水平、增强新闻发言人的发言效果和群众满意度的最基本要求。

专业新闻发言人要具备专业素养

新闻发言人的素养是其综合素质的体现。具备良好的素养是一个新闻发言人从事发言职业的必然要求。一个新闻发言人所要具备的素养很多，但是作为一个行业或者专门领域的发言人必须具备该行业或领域的专业素养。这样才能不说外行话，才能不被假象忽悠，然后不忽悠别人。同时，比起常人来，人们对专家的信任程度更高，一个行业或专门领域的发言人，如果能够同时成为这个行业、领域的专家，其发言效果和发言的公信力必然优于非专业发言人。

但是，一些行业、专门领域的新闻发言人不但不具备新闻规律、媒介素养等最基本的发言人专业素养，而且对本行业、本领域的基本知识也缺乏必要的常识，遇到新闻发布、应急管理等紧要关头，不仅自己很难看清真伪、分清是非，还寄望以此糊弄他人。结果可想而知，必然是害人害己，也害了所供职的单位。

2013 年 7 月，某地一家法院就为自己的微博发布人员缺乏必要的法律专业知识伤了不少脑筋。该法院官方微博针对一名被执行死刑的犯人家属提出的连最后一面也没见到甚至连正式通知也没有的质疑，而发表有违法律常识的微博回应称：法律无明文规定犯人死刑前必须和亲人见面。结果这条缺少基本法律专业知识的微博，很快招致本来就对执行死刑没有及时通知犯人家属而不满的网民、博友们的强烈反感和广泛质疑。可谓一语激起千层浪。

尽管该法院官方微博随后迅速删除了这条微博，并致歉称：“今天由于微博管理人员对刑事法律学习钻研不够，想当然办事，面对网上舆论不淡定，导致发出了一条错误信息并在领导发现后删除。我们对一线工作人员提出了严厉的批评。特此向网友和公众道歉。今后工作中我们将要求编发信息的人员加强学习，不再犯类似错误。欢迎继续监督。”但是网民对这样的道歉并不买账，不仅质疑“法院的新闻发布人员也不懂法，太不该了”，而且开始把法院院长的简历都搜索出来，并开始质疑院长的专业水准。

除了普通网民质疑该官方微博发言人的水平外，连《人民日报》、央视财经、凤凰网等媒体也开始发表微博提出尖锐批评。如《人民日报》的法人微博发表了题为《你好，明天》的微评，“湖南一名死刑犯的临刑际遇引发关注：未见家人，没有通知，如此行刑是否有违法理人道？面对质疑，仓促应对，又如何让公众口服心服？实事求是才能维护公信，敷衍塞责只会越描越黑。司法机关，请拿出直面问题的勇气。你们的每一次裁决，都可能成为司法进步的台阶，也可能让公平正义远离！”央视财经微博称：“这是一条被删掉的微博，也是一条删不掉的微博。”凤凰网称：“2013 年年度微博已经产生，自删也没用。”

一些专业人士也纷纷对如此的发言水平提出质疑，如一位网名为“新闻不发炎”的南方某市政府新闻发言人发表微博对此事评论：“【公权力缺媒介素养将导致舆论灾难】当新闻当事人通过微博等新媒体表达诉求，对官方会形成巨大压力。在公共事件中，只有民众的声音，而相关部门缺席，或者不缺席但因为缺乏媒介素养应对不当——撒谎或者胡说八道，对公权力都将是一场舆论灾难。”

本来出现应急事件，有关部门及时做出回应，本意是想缓解危机，及时疏导舆论，结果由于自己的新闻发言人缺少本行业、本领域必要的专业知识，说了有违专业常识的外行话，不仅没有缓解公众对立情绪，反而变得火上浇油，星星之火成了燎原之势，引发出更大规模的舆论批评和信任危机。如此事与愿违是涉事机构和发言人都不愿意看到的，但是新闻发言工作往往就像人生一样没有彩排，一言既失，往往满盘皆输，难以挽回。

一个专门或专业领域的新闻发言人除了要具备普通新闻发言人必须具备的新闻传播知识等专业素养和基本的人文精神与科学素养之外，一定不能忽视自身领域专业知识的培养。新闻发言人只有精通专业知识才能分辨出专业性的是非真伪，只有精通专业知识才更有说服力和影响力，也只有精通专业知识在专门的新闻发言领域才更有发展潜力。

目前，国内通用型的新闻发言人培养和培训工作已经具备了一定基础，但是，针对专门领域和行业的新闻发言人培养和培训工作还没有引起足够的重视，有必要将具备一定专业知识，同时又具备新闻发言水平的专业或专门领域的新闻发言人培养工作尽快提上日程，以便满足专业或专门领域的新闻发言需求，更好地服务公众。

政府新闻发言人群体现状

目前，国内极少有人对政府新闻发言人状况做过专门的调查研究。从网络检索情况来看，只有甘肃省人民政府新闻办公室和兰州大学新闻与传播学院联合于2010年9月所做的“甘肃省政府新闻发言人媒介素养问卷调查”以及一些培训机构所做的“新闻发言人培训需求调查”等，尚未见有专门针对政府新闻发言人素养所做的跨省调查。

因为一个课题的研究需要，也为了大致了解一下我国政府新闻发言人素养的当下状况，在2012年10月，笔者专门对政府新闻发言人进行了一次跨省域的调查。承蒙一些熟悉和不熟悉的从事政府新闻发言工作的朋友的支持和帮助，在政府新闻发言工作人员比较分散、群体相对狭小、工作比较繁忙的情况下，收到了52份有效样本，调查样本分别来自江苏、贵州、湖南 、浙江、安徽、北京、福建、甘肃、广东共9个省份。通过统计软件分析，使我们对当前我国政府新闻发言人群体的素养状况，有了一个相对定量的认识。

从调查结果来看，我国政府新闻发言人群体素养大致呈现以下一些特征。

第一，男性为主、年轻化、学历高。被调查人员性别比例，男性新闻发言人占绝对优势。中青年新闻发言人占主流，超过八成新闻发言人在31~50岁之间，其中31~40岁的占55.77%，41~50岁的占30.77%，其余21~30岁的和51~60岁的分别占11.54%和1.92%，20岁及以下和60岁及以上的发言人占比为0。学历层次较高，九成新闻发言人有大学及以上学历，硕士及以上学历超过四成。其中，大学本科占48.08%，硕士占40.38%，博士占1.92%。其余高中（中专）及以下学历和大专学历的新闻发言人分别占3.85% 和5.77%。

第二，网络和基层发言人占比较大。近四成受访者从事新闻发布会兼网络新闻发言人工作。专门从事新闻发布会发言人工作的占15.38%，从事网络新闻发言人工作的占28.85%，从事新闻发布会兼网络新闻发言人工作的占26.92%。其余另有28.85%从事与新闻发言相关的其他工作。县市级新闻发言人占主流，近四成人员在县市级机关事业单位工作。在省级机关部门及事业单位工作的占30.77%，在地市级机关部门及事业单位工作的占25%，在县市级机关部门及事业单位工作的占38.46%。其余5.77%的人在其他机关事业单位从事发言工作。

第三，从业年限短、发言经历和新闻经历少。平均从业年限较短，从事新闻发言工作平均年限4.4年。近七成新闻发言人每年参加新闻发言工作的次数在10次以下。每年参加新闻发言工作的次数在10次以下的占67.31%，11~20次的占17.31%，21~30次的占9.62%，30次以上的占5.77%。超过六成新闻发言人没有媒体从业工作经历。从事新闻发言工作以前有过新闻媒体工作经历的仅占38.46%，而没有过新闻媒体工作经历的高达61.54%。

第四，专业教育、职业培训不足。八成以上新闻发言人没有受过新闻传播类专业大学教育。拥有新闻传播类专业正规大学本科以上学历的仅占15.38%。近四成新闻发言人没有参加过新闻发言人专业培训。参加过新闻发言人专业培训的仅占63.46%。每年参加新闻发言人专业培训的频率基本为零的占42.31%，每年参加1~2次的占53.85%，每年参加3次以上的仅占3.85%。近三成新闻发言人认为所参加的专业培训脱离自身工作实际。认为所参加的新闻发言人专业培训切合自己工作实际的仅占73.08%，认为自己目前的知识技能储备能够适应新闻发言工作的仅占9.62%，基本适应的占69.23%，其余21.15%的人认为自己目前的知识技能储备不能够适应新闻发言工作。

第五，与记者和媒体接触有待加强。超四成新闻发言人没有日常联系媒体及记者的习惯。除了新闻发布会之外经常与媒体机构或记者进行联系交流的仅占55.77%，较少联系的占38.46%，从不联系的占5.77%。两成新闻发言人认为自己很难与记者成为朋友。认为新闻发言人能够与媒体记者成为朋友的占80.77%，认为很难的占19.23%。近两成新闻发言人每天接触媒体时间不足1小时。平均每天基本没时间通过阅读、研究等接触媒体的占1.92%，平均每天通过阅读、研究等接触媒体的时间1小时以下的占15.38%，1～2小时的占50%，2小时以上的占32.69%。

第六，职业理念有待完善，职业满意度与自我评价不高。超过五成新闻发言人赞同政府应及时、全面、准确地公开信息。认为政府应该及时、全面、准确地公开信息的占57.69%，仍然另有42.31%的人认为应该视具体情况而定。超过四成新闻发言人对自己从事的职业持满意态度，满意度为一般的接近一半。对从事新闻发言工作很满意的占7.69%，较满意的占36.54%，满意度为一般的占48.08%，其余较不满意和很不满意的都占3.85%。超过七成新闻发言人认为目前国内新闻发言人职业总体水平一般。对目前国内新闻发言人职业水平的总体评价很高的为0，较高的仅占13.46%。评价一般的占71.15%，认为较低的占15.38%，很低的为0。

第七，偏爱同业实战培训，希望引入职业准入制，看重语言素养提高。近九成新闻发言人偏爱国内外同行专家培训。认为新闻发言人培训应该选择国内外新闻发言同行的占88.46%，选择高校教学科研人员的仅占5.77%，另有5.77%的人赞同选择其他培训专家。超过六成新闻发言人赞同新闻发言工作引入准入制度。认为新闻发言人应借鉴医生、律师等实行职业准入的占61.54%，认为没必要的占38.46%。超九成新闻发言人最看重语言素养。认为新闻发言人最重要素养的顺序依次为语言素养占92.31%，政治素养、媒体素养和业务能力均占84.62%，选择个人魅力的占71.15%，选择其他素养的占9.62%。

记者与官腔

官腔，旧时称官场中的门面话，如今指利用规章、手续等来敷衍、推脱或责备的话语。官腔所指的重点往往不在于说话的内容，而在于说话的形式，特别是腔调和声势。对打官腔的人来说，说什么并不重要，说者是否真的是官也不重要。所以，现在对于那些说话语气狂妄自大、盛气凌人、对别人的立场不够顾及和尊重的行为，也通称为打官腔。有人曾经专门总结了官腔的六大特征：显摆，老套，推诿，故作高深，玩弄术语，公文话语多。

新闻人因为经常与各级官员或者虽不算官员但自以为是官员的人打交道，遭遇各色官腔在所难免。新闻人最早遭遇的官腔无从考证。但是民国期间汪精卫的说客说服成舍我不成，恼羞成怒警告成舍我的那段话，算得上新闻史上最典型的官腔。

成舍我的《民生报》因为曝光当时行政院院长汪精卫的部下贪污渎职一事而触怒汪精卫。汪的说客拉拢成舍我不成便留下了这样“留名青史”的官腔——“一个新闻记者，要和一个行政院院长碰，结果，无疑是要头破血流的”。不仅这段官腔在新闻史上有名，成舍我针锋相对的回答更有名——“我的看法，全不如此，唯其不怕头破血流才配做新闻记者。……我可以做一辈子新闻记者，汪先生绝不能做一辈子行政院院长”。

虽然历史最终印证了成舍我先生的说法，打官腔的行政院长和说客最终没能“牛”过“被官腔”的记者。但是如今的一些官员并不能吸取历史上的教训，他们面对记者仍然官腔不断。如2009年各地领导给我们留下深刻印象的各种各样令人难忘的“雷人”和“最牛”官腔，就很值得我们盘点一下。

“你是替党说话还是替老百姓说话”——2009年6月17日，中广记者就某经济适用房土地被开发商建起连体别墅一事，请郑州市城市规划局副局长逯军对老百姓信访处理意见作出解释时，他反问记者："你是准备替党说话，还是准备替老百姓说话?"

"你是不是党员?"——2009 年 11 月 4 日，郑州一都市报刊登调查稿《"养犬办"被指只管收钱不管事》，就质疑 1200 万元的养犬管理费去向，记者采访郑州市财政局预算外资金管理局城建处处长王冠旗时，其首先反问记者："你是不是党员?"

"这事儿不能说得太细。"——2009 年元旦后，央视《焦点访谈》报道了天津坚持收取 55 元的车辆通行费，面对记者"天津市每年要偿还的公路建设的贷款量有多大"的提问，天津市市政公路管理局一位官员说："这事儿不能说得太细。"

"你们为什么要较真呢?"——湖北省消费者委员会"3·15"网站涉嫌借屏蔽投诉信息向企业敛财，面对质疑，有关负责人一直不露面。负责接待媒体的组宣部郭主任还反问记者："你们为什么要较真呢?……"

"我是不是拉屎也要告诉你啊?臭不臭也要告诉你?"——2009 年 10 月 27 日，在广州市召开黄埔大道交通整治工作会上，记者在提问封闭道路是否该事先告知市民时，广州市新光快速路有限公司的一位工作人员说："那么我是不是拉屎也要告诉你啊?臭不臭也要告诉你?"

类似的事情还有莆田企业违规倒垃圾，记者追问环保部门反被环保支队的一位副队长教育："记者啊，你们不懂环保啊!这种小事算什么事情?""这种小小的事情你们不要追得那么紧，好不好?"，等等。此类事件反映了一些地方官员和部门对待信息公开、舆论监督的真实心态和嘴脸，也反映了在权力阴影下信息公开与掩盖较量的艰难。

有关政府信息公开和官员应该配合新闻采访，主动接受舆论监督的法规条文不在少数。新颁布的《新闻记者证管理办法》规定："各级人民政府及其职能部门、工作人员应为合法的新闻采访活动提供必要的便利和保障。任何组织或者个人不得干扰、阻挠新闻机构及其新闻记者合法的采访活动。"新闻出版总署也曾专门发出过《关于保障新闻采编人员合法采访权利的通知》等文件。特别是《政府信息公开条例》明确规定："行政机关应当及时、准确地公开政府信息。"

一些地方政府部门也相继做出了各种各样支持记者舆论监督与新闻采访的规定或姿态，如昆明拟将保护媒体监督列入法规，东莞拟发“专用采访证”，深圳新闻发布引入问责制、政府要做媒体的“报料人”，广东佛山提出对记者宽容三分、不拒绝市外媒体，湖北省公安厅厅长、昆明市市委书记、上海市纪委书记、最高人民法院等领导和部门都曾高调公开对媒体表示和承诺过要支持新闻媒体的舆论监督，主动接受新闻媒体的舆论监督，大力维护记者的合法权益等。

事实上，当舆论监督触及某些领导个人和部门的利益时，往往是说的比唱的好听，甚至做起来截然相反。这实在是对当前信息公开与舆论监督工作现状与尴尬的典型嘲讽。更可悲的是，各种各样的官腔还会一如既往地对记者打下去，而且屡屡出彩。

官员与记者的双人舞

现实生活中，官员对待记者的态度大致可以分为两种：一种是恶待记者——怕记者、躲记者，甚至是打记者、骂记者；另一种是善待记者，主动配合记者、接近记者。当然，也不乏一些人从自身利益最大化出发去拉拢、腐蚀记者。这从表面上看是“善待”记者，从本质上却属于“恶待”范畴。

按照普利策的说法，“倘若一个国家是一条航行在大海上的船，新闻记者就是船头的守望者。他要在一望无际的海面上观察一切，审视海上的不测风云和浅滩暗礁，及时发出警告”。这说明，记者作为社会守望者的天职就是监视社会问题、揭露社会弊病、服务于社会大众。记者的这种天职也就是马克思论述“报刊的使命”时所说的那样：“是社会的捍卫者，是针对当权者的孜孜不倦的揭露者，是无处不在的耳目，是热情维护自由的人民精神的千唤万应的喉舌。”

记者在守望社会风险、捍卫社会正义，特别是孜孜不倦地扮演一个“针对当权者”的揭露者的时候，难免会出现与一些被揭露的“当权者”交恶的情况。这就使得记者与一些官员的关系变得紧张而微妙。一些“当权者”轻则怕记者、躲记者、防记者，重则威胁恐吓、羞辱阻挠记者，甚至图穷匕见，拳棒相加，殴打记者。

典型的怕记者、防记者案例是2010年8月广东某县发生的“群发短信防记者”的丑闻。当地股级以上干部曾收到一条署名为县委书记秘书发出的短信。要求干部们不能私自接受记者采访，起因是有人“捏造事实”举报县领导。国务院新闻办主任王晨2009年12月29日在国新办召开的新闻发布会上也曾尖锐地指出：有一些领导干部的新闻意识还需要进一步提高，怕记者，不愿意接受采访的情况依然存在。

至于当自身利益受到侵害，当防记者、躲记者以及使用“胡萝卜”拉拢、腐蚀记者的手段均难以见效后，一些官员往往开始图穷匕见，不惜挥舞公权力、黑势力“大棒”，对记者拳脚相向。这样的案例不胜枚举。

典型的如2008年新年伊始，辽宁省西丰县公权机关进京抓捕《法人》杂志社记者事件，2009年9月湖北省武汉市江岸区检察院威逼传唤《长江商报》记者的事件，以及2010年浙江省遂昌县发生的当地公安机关全国通缉记者的事件——2010年7月23日浙江省遂昌县公安局因《经济观察报》记者仇子明报道凯恩股份的“关联交易内幕”，以“损害公司商业信誉罪”欲对其予以刑事拘留，并在网上全国通缉。

2010年，类似的“恶待”记者事件还有：2010年4月14日，浙江省瑞安市公共资源管理委员会办公室副主任张士勇对前来采访的《法制日报》记者说“记者证在我们这里没用的”，拒绝记者采访；“两会”期间，还发生了某省级领导干部因对记者的提问不满而抢夺女记者的录音笔事件；2010年7月21日，千龙网记者阿良发表了一篇针对一家私营企业的批评报道，休假期间遭山东莱阳警方追踪调查，因为害怕成第二个“仇子明”，阿良只能“潜伏”式继续休假；2010年11月5日下午，河南省人民广播电台记者到禹州市文管所采访，午间醉酒的交管所所长张志伟以外来人员车辆未经门卫登记为由，对记者进行无理谩骂和驱赶，干扰记者正常采访活动。

官员与记者交恶、害怕记者、驱赶阻挠甚至殴打记者的原因，多半由于自身存在一些见不得人的阴暗面，因而害怕被记者抖搂出来影响自己的前程，于是借躲避、对抗来掩盖自身的弱点与污点。当然，也不排除另外一种情况存在，即一些领导干部缺少接受采访和新闻传播的基本知识，对记者和新闻宣传工作还很陌生，缺少与记者打交道的基本素质和经验。

好在有些地方为了让领导干部不“怕记者”，已经开始重视培养领导与记者打交道的工作能力，有的地方还开始通过举办培训班等形式来提高当地领导干部与记者打交道的水平。如2010年11月11日，四川省资阳市就专门请来网络专家授课，培训当地800余名正科级以上领导干部如何与记者打交道。

在官员与记者的关系中，除了存在怕记者、防记者、打记者的浊流，更有诸多呼吁善待记者、真心支持舆论监督的主流。仅2010年在各级领导干部各种呼吁善待记者的声音中，典型的就有：广东省委宣传部副部长、省政府新闻办公室主任李守进2010年7月13日在全省贯彻实施《广东省突发事件应对条例》新闻发布会上，要求广东省各级政府部门的新闻发言人对记者采访“零拒绝”；吉林省委常委、组织部长黄燕明在接受记者采访时表示，要少给记者通稿，多为媒体采访提供便利；海南省委常委、宣传部长、副省长谭力在全省宣传思想文化工作电视电话会议上要求当地官员，要把媒体当作自己的同路人和朋友，以真诚的态度对待媒体的采访，而不要以“防火、防盗、防记者”的态度对待媒体，更不应漠视、敌视媒体；重庆市委宣传部副部长、市政府新闻办主任周波也曾表示，对记者说“无可奉告”的干部将被问责。所有这些都透露出官员开始重视善待记者的信号。

谁愿意“被宣传”

一名现已移居国外的明星女记者的演讲视频2011年上半年曾在微博上热传数万次，赞美者称其“良知女记者”，“平淡的演讲，并无激情，但你却不得不热血沸腾，不得不思考，或许你还不得不哭”。

按理说，我既不是追星族，对其演讲的主题也不关心，即便这样带广告色彩的文字再煽情，我也有足够的免疫力，无意打开视频观看。但是，我虽不是“明星控”“煽情控”，却是“专家控”。我看到一名从业界转到学界的新闻人，推荐他播音主持专业的学生收看这个视频“以体验陈述的力量”，还是忍不住打开了这个视频。看了之后我除了体验到陈述的技巧（不是力量）外，还有一个明显的感觉就是又“被宣传”了，而且是那种观点加事例式的，比较模式化，比较老套的“被宣传”。

作为一个更愿意用传播来代替宣传，习惯把自己看作是从事信息传播实践和研究的人，我很反感采用模式化的宣传手段来灌输别人，更反感各种无时无刻地“被宣传”。相信绝大多数人也和我一样，没有“被宣传”的强迫症，也不会“被宣传”上瘾。不论这样的宣传，是产品宣传，还是其他形式的带有明显意图的“推销”。

这样的视频之所以被微博网友转载数万次，我想很多网友或者是因为明星效应、追星心理，或者是因为发帖者煽情的文字。毕竟微博总体上还是一个情感、情绪与娱乐信息交流大于严肃信息交流的地方。这一点从微博人气排行榜上排在最前面的上榜人物都是娱乐与体育明星，也可以看出来。

现在很多自认为是在做宣传的“宣传”专业人士，无论是思维模式还是传播技能都很成问题。最明显的是灌输思维和“宣传腔”严重。

持有灌输思维的人习惯于把自己视为精英，而将被灌输的对象看作“愚昧的大多数”“乌合之众”。他们不愿意放下架子与普通群众进行真诚的交流，也不愿意通过真诚的服务，通过满足群众信息需求的方式来传播他们的价值理念。他们持有的宣传理念往往是“宣传的目的是为了政治成功，而不是智力深度”。即便是广告宣传，也是为了推销成功，而不是为了用户对商品鉴别力的提升。灌输与正常信息传播的根本区别在于，正常的信息传播出发点是为了分享对双方都有利的新情况，是为了双赢，而灌输的目的是灌输者的个人目的，是对被灌输者实行某种控制。

持有灌输思维的人，不仅热衷于抓住一切机会做“植入式宣传”，而且往往不顾受众的需要和传播效果，养成居高临下的“宣传腔”。与“新闻腔”相似，“宣传腔”是宣传作品或活动中的“八股腔”和“机关腔”。有人把“新闻腔”的特征归纳为“细节缺失、事例陈旧、语言呆板空洞、枯燥无味、刻板的新闻写作风格”。具体表现为新闻写作中的“文件味”“材料化”“机关腔”倾向。“宣传腔”也往往喜欢装腔作势，简单化、模式化，空话、套话连篇，表现出浅薄、露骨、空洞、主观、武断、拔高、机械重复等缺陷。

毛泽东曾经归纳出“党八股”的八条罪状：“空话连篇，言之无物”“装腔作势，借以吓人”“无的放矢，不看对象”“语言无味，像个瘪三”“甲乙丙丁，开中药铺”“不负责任，到处害人”“流毒全党，妨害革命”“传播出去，祸国殃民”。“宣传腔”的危害，也大抵如此。要想认识“宣传腔”的危害，比较一下下面两段文字即见分晓。

先看一个专业机构的宣传稿：“紧紧扣住主题主线，认真贯彻‘八个注重’，深入实施‘七大战略’，全面落实‘六项工程’，扎实抓好大事实事，确保完成各项任务，确保‘时间过半、任务过半’……突出‘五个把握’，凝聚‘五个共识’，把思想和行动统一到‘四个领先’的实践上来”。你可能如坠云雾，不知所云。

再看一个匿名网友的网络文字帖：“想在北京买套100平方米总价300万元的房，普通人所付出的代价：1）农民：种三亩地每亩纯收入400元的话要从唐朝开始至今才能凑齐（还不能有灾年）；2）工人：每月工资1500元需上班170多年，从鸦片战争至今（双休日不能休）；3）白领：年薪6万元工作50年（取消法定假日）……”不仅形象生动，而且通俗易懂。可悲的是，往往自认为是专业做宣传的人，却无法与那些业余发发帖的“菜鸟”相比拟。

美国学者斯坦利·巴兰和丹尼斯·戴维斯在他们合著的《大众传播理论：基础、争鸣与未来》一书中，将宣传解释为“无限制地利用传播活动宣传特定的信仰和期望的活动”。在这本书中，他们还介绍了美国理论家将宣传区分为黑色、白色和灰色的做法。黑色宣传“热衷于别有用心地策略性地传播谎言”。而白色宣传则“热衷于刻意地抑制潜在的有害信息和方法，同时故意推广积极的信息和想法”。至于灰色宣传，则介于两者之间，往往很有迷惑性。

虽然有些宣传并非黑色宣传，但是，如果不顾受众的需要，采取灌输、机械重复和狂轰滥炸的疲劳战做法，对这不仅会使被宣传的对象产生反感，而且对其还是一种心理负担。俄国作家索尔仁尼琴曾说过：“除了知情权以外，人也应该拥有不知情权，后者的价值要大得多。它意味着高尚的灵魂不必被那些废话和空谈充斥。过度的信息对一个过着充实生活的人来说，是一种不必要的负担。”

既然人们都有抵触“被宣传”的心理，都有不知情的权利，那么，热衷于做宣传的人不妨将宣传思维转变到信息传播和服务上来，即便你一定要做“植入式”的宣传，拜托也要有所节制，把宣传做得高明一点、巧妙一点、新意一点。

政府网站怎样不再“丢丑”

2013 年 8 月，四川省阆中市国土资源局官方网站的一条“神回复”，引发了网友们的吐槽。针对网友提问产权 40 年的房子到期后怎么办，给出的答复是“40 年后，我们是不是还存在这个世界？不要考虑太长远了……”针对网友遗失证件能否网上办理的询问，该网站的回复“什么证件，我们不是东南亚办证集团哟”同样让网友“目瞪口呆”。

政府网站出现类似“神回复”这样的丢丑事件已经不是第一次了，2013 年 3 月媒体就报道过武汉女子因国五条拟炸房管局，政府网站“神回复”事件。一名女子在武汉市住房保障和房屋管理局官方网站上留言：“老子要背个煤气坛子把你们房地局炸塌，本来准备和男朋友结婚的。因为房子问题现在闹得要分手，接受姐姐的愤怒吧。”该局网站回复：“你好！千万莫炸我局，那会误炸的。因为国五条还未在我市实行，此事请向市地税局咨询。”类似的还有，西部一家省级网站曾经发表“做爱时轻微性虐会更加刺激”的文章，某地一家区级网站在网站题头上部显著位置做了一个横幅“热烈庆祝某某区成为国家资源枯竭型城市”，以及前几年湖南一家市级网站发布的当地领导开会讲话稿中，竟然出现“迅速形成宣传推介巩义旅游的强大声势”文字，以致闹出“湖南开会推介河南景区”的“雷人”事件。至于一些政府网站长期不更新，甚至建好之后长期空白闲置，也不鲜见。

政府网站出现这样的“神回复”以及其他雷人事件的最直接原因之一是政府网站的人员素质问题。目前，全国 3000 多家县级以上行政单位基本上均已经建立了政府网站，如果加上这些省级、地市级和县级单位下辖的各种部委办、局办的网站，数量相当惊人，已经远远超过某些传统媒体，如全国报纸的数量。但是，目前如此众多的政府网站从业人员，不论是兼职还是专职的，其人员的信息审核、编辑加工和政策把握素质，整体远远低于报纸等传统媒体从业人员的素质，甚至和一些正规新闻门户网站人员的素质相比也显得逊色。

政府网站从业人员整体素质偏低的原因主要有以下几个。一是人员来源混杂，有的是政府部门人员兼职从事网站信息审核发布工作，有的是委托网络技术公司的技术人员附带从事信息审核工作，还有的是通过劳务派遣、短期临时聘用、服务外包等形式雇佣人员从事信息审核工作。有正式编制、专职从事网站信息审核发布工作的只占了其中的极少数。二是数量相当可观的政府网站专兼职信息审核从业人员缺少传统媒体的职业准入制度，也缺少传统媒体的专业教育和职业培训制度。政府网站由于是一个相对的新生事物，其从业人员既没有传统媒体从业人员来源于新闻学、传播学等的专业教育经历（传统的新闻学、转播学，包括与政府网站相关的电子政务等专业），也没有专门针对政府网站信息审核、采编的专业教育背景，至于后期的职业培训同样滞后。

政府网站出现“神回复”的最直接原因之二是政府网站机构设置、制度建设相对混乱或滞后。有的政府网站设置在办公厅（室），这与政府信息公开和电子政务由各地政府办负责是对应的。但是，由于一些地方领导认识不足和机构设置不到位等特殊原因，相当一些政府网站并不由政府办直接负责，有的设置在宣传部，有的设置在信息中心，有的设置在科技局，有的设置在经信委，有的甚至直接外包给商业公司或委托给信用办等不相关机构维护。在信息的审核发布程序和制度建设上，由于机构设置不一，人员混杂，相当一部分政府网站没有建立像传统媒体那样严格的信息三级审核和发布制度，至于信息校对及发布后评估、纠错等制度就更无从谈起了。

政府网站出现“神回复”的最直接原因之三是一些从业人员对政府网站的特性把握不准。政府网站是代表政府部门发布政府信息、联系群众和为群众提供办事的重要平台和窗口，是政府部门在信息化时代履行职能的重要工具。它发布的信息、提供的互动交流和办事服务代表着政府形象，发布信息的要求比其他新闻、商业等社会性网站更加严格、严肃和权威。一些政府网站出现的“神回复”就是其从业人员没有准确把握政府网站的定位，把政府网站的来信回复当作平常即时通信聊天或者社交性论坛的调侃和娱乐。这种胡乱“卖萌”或者缺少严肃性、不庄重的回复往往在网络时代成为笑谈，甚至损害政府的公信力和形象。

政府网站出现这些“神回复”及其他类似“雷人”事件深层次原因是各级政府部门对政府网站工作重视不够。没有在人员配备和机构设置上给予足够的重视和政策配套。一些政府部门在信息化、网络化时代，对电子政务、政府网站工作的重视不够，对当前群众渴望利用信息化手段在网上办事和与政府沟通交流的诉求把握不准。它们可以设置这样、那样的众多机构，安排这样、那样的众多人员编制，但是对于政府网站的机构设置和人员安排却十分吝啬。这就导致了当前一些地方政府网站的雷人事件，甚至出现了导向错误和泄密事件。

对于政府网站出现的一些乱象，2011 年国务院办公厅专门发出的《关于进一步加强政府网站管理工作的通知》，明确指出了其中的根源：“一些政府网站存在的种种问题，主要原因是建而不管或管不到位，有的单位负责同志对本单位开办的政府网站不问不看，致使网站的政府信息公开平台作用长期得不到发挥和体现，网站管理中存在的问题长期得不到纠正。”其实，一些地方政府网站之所以出现建而不管或管不到位，背后的根源仍然是机构、人员配备和领导重视不到位。

当前，我国网民总量已经超过 6 亿，除去一些年老、年幼和残障不方便上网的人群，网民总数已经超过具备正常利益诉求和行为能力人口总数的一半以上。如果政府部门不能给这些诉求和利益表达活跃的人口提供优质、有效的网上服务，在信息化和网络化时代也是一种典型的脱离群众形为，是与当前政府所鼓励与宣扬的群众路线教育相背离的。

让政府网站真正成为网上政府

中国软件评测中心2011年12月2日在北京发布的2011年中国政府网站绩效评估结果显示，尽管我国的政府网站建设水平不断提高，新技术应用不断加强，但是，我国的政府网站还存在服务能力不高和管理水平偏低等问题，主要表现在信息和服务覆盖面不广、实用性不够及有效性有待提升等方面。评估发现，79.45%的部委网站、87.5%的省级网站、91.5%的地市网站、92.44%的区县网站，以及90.8%的国家级开发区网站都存在信息和服务失效等问题。部分政府网站存在服务要素资源匮乏、深度有限、内容更新不及时等问题，服务实用性低。（见2011年12月4日《南方日报》）

政府网站是信息化时代各级政府及其部门联系群众的纽带，服务群众的平台，公开政府信息、展示政府形象的窗口。通常认为，政府网站具有信息公开、网上办事和互动交流三大功能。我国政府网站建设自20世纪90年代末由40多家部委发起“政府上网工程”以来，我国绝大部分县级以上政府和政府部门均已建立了自己的网站。政府网站的服务内容、服务手段日益丰富，服务能力和服务质量得到了全面提升。但是，一些政府网站仍然存在从服务理念到管理能力等诸多有待完善之处，与打造服务型、透明型、高效型政府的要求和广大人民群众的需求还有很大差距，其便民性、亲民性和利民性还有很大亟待提升的空间。

当前，我国政府网站建设存在的问题主要表现为以下几个方面。首先，重视力度不够，机制机构尚不统一、健全。当前，我国县级以上政府及其部门虽然基本上都已建立了自己的网站，但是，由于一些地方和部门领导重视不够，网站运行的机制和机构仍然不健全。有的地方政府网站不是建在政府的主要职能部门，而是长期游离于政府的主要职能部门以外，边缘化倾向较重，有的委托信息中心、机关服务中心代建代管，有的甚至直接交由当地的宣传和媒体机构实行政府管理部门以外的“体外运行”，甚至有的将政务网站的运行与管理整体“外包”给一些提供技术服务的公司和社会机构。

其次，理念滞后，政府中心意识较强。一些政府及其部门虽然建立了自己的政府网站，但是服务群众用户的中心意识欠缺，相反却是政府中心意识严重。一些政府和部门将政府网站仅仅当成展示领导形象和宣传政务业绩的工具，网站“名片化”“宣传化”倾向严重。有的政府门户网站被做成了“报纸”或商业性的新闻网站，发布大量新闻，包括从其他网站上转载来的社会和娱乐新闻。还有的政府门户网站被做成了政府机构的“宣传栏”，主要围绕政府机构和当地社会进行宣传。更有的政府门户网站将本地政府领导作为最主要的服务对象。这种做法违背了政府网站服务群众、联系群众的初衷。

最后，网站建设流于形式，管理和服务能力有待提高。一些地方和政府部门虽然建立了自己的网站，但是建设和管理流于形式，建设的目的不在于为群众提供服务，而在于应付上级的检查和考评。有的网站内容长期不更新，以致成了“僵尸网站”。有的政府网站疏于管理、存在较大的安全隐患，如永州市政府网站链接的卫生局网站被黑客侵占一年多（卫生局网站指向“环球卫生健康网”），主管部门始终未发现。有的网站形式主义、应付意识严重，如石台县政府网站曾被网民指出是由图片拼接而成，被网民称为“史上最简单的信息公开网”，也是“最省事的信息公开网”。还有的政务网站不仅不能够做到亲民利民，反而伤民害民，如龙虎山网站给网民的留言回复中出现恶言相向、频频“爆粗口”的现象。

2011 年 8 月，国务院办公厅专门发出了《关于进一步加强政府网站管理工作的通知》。时任总理温家宝也对加强政府网站的管理作出了重要批示，“办好政府网站的关键在于及时、准确公开政务信息，倾听群众的意见、呼声和要求，及时讲清事实真相、政策措施、处理结果。只有互动、解决问题，才能吸引群众”。

我国网民总数截至2013年12月，已经超过6亿，占全国总人口的近一半。如果政府部门不能办好自己的网站，不能利用政府网站给近6亿网民提供优质高效的网上服务，从一定程度上说，也是一种脱离群众、脱离职责的行为。因此，各级政府网站都要本着亲民、便民和利民的原则做好各项服务工作，打造透明、高效的网上政府。

第四章

新旧媒体的冷与热

随着移动互联网和微博、微信等新型社交传播工具和媒介技术的快速发展，传统媒体出现了用户、广告和传播人才的流失，传播能力和经济效益也双双走低，面临着不得不转型，甚至关门歇业的局面。甚至一些暂时还在称为“新媒体”的门户网站，如今已经开始沦入“旧媒体”的尴尬境地。如何准确把握新媒体的发展趋势，及时融入移动互联网和微传播时代，成了摆在传统媒体面前的一个十分迫切的问题。

微博传播的八大特性

微博仅仅用数年时间就实现了传统媒体数十甚至数百年的用户积累。有关官方资料显示，2012 年年初国内的微博用户多达 3 亿，约占网民总数的 60%。调查显示，90% 的中国媒体从业者使用微博。国内提供微博服务的网站多达 50 余家。微博的高度融合性、便利性和独特的信息分享与互动模式使其受到了用户热捧。

微博兼具媒体与社交功能，集合了手机短信、社交网站、博客和即时通信工具等四大产品的优点。它将播客、博客、社交网站整合为一体，并能够与手机终端以及诸多即时通信工具无障碍对接。表现了不同于其他媒体的鲜明传播特性。这些不同于其他媒体的传播特性主要表现在以下八个方面。

一是融合性。微博是媒体融合的一个典型代表。它不仅融合了文字、图片、语音、视频等传播符号，而且打通了传播渠道的融合之路——手机、计算机都成了微博信息传递的工具，电信和互联网在微博业务上实现了互通。

二是草根性。Twitter 创始人之一伊万·威廉姆斯认为，Twitter 为世界带来了一个“人人都能发声，人人都可能被关注的时代”“即使是再庞大的新闻媒体，也不会像 Twitter 一样在世界各地拥有众多新闻记者”。微博客受每条不能超过 140 个字符的长度限制，可以三言两语、现场记录，也可以发发感慨、晒晒心情，其低门槛性确实“将平民和莎士比亚拉到了同一水平线上”。在微博上，每个人都是信息的生产者和消费者，微博实现了草根拥有自己的媒体和像专业媒体人员一样发言的愿望。

三是便利性。微博的便利性表现在两个方面。首先是技术门槛低。微博对文字表达和操作使用的技术门槛趋近于零，不仅字数简短，文字表达随意，而且注册简单，只要会发短信，就可以通过个人微博“随时随地分享身边的新鲜事儿”。低门槛的记录方式降低了对用户的文字功底和技术水平要求，节约了时间成本，契合了草根民众的表达需要和现代社会快节奏的生活方式。其次是微博设计界面友好，实现了多种传播终端和发布方式的创新整合。微博用户可以通过互联网、客户端、手机短信和彩信、WAP 等多种手段发布信息和接受信息。微博信息真正实现了“4A”发布，即 Anytime 、Anywhere、Anyway、Anyone 的便捷特性。

四是及时性。微博较低的技术门槛，发布与转发的简捷便利，发布手段的多样性，用户的众多，分布的广泛，遍布世界各地、各个角落、各种领域，这些因素都导致了微博发布的及时高效和快速性。特别是在各种突发性事件中，微博的及时性表现出类拔萃。微博不仅在第一时间向网友发布了很多第一手信息，甚至成了一些专业记者发现新闻报道素材的信息源。有关资料显示，2008 年 11 月印度孟买的恐怖袭击事件及 2009 年 6 月迈克尔·杰克逊的死讯，都是由 Twitter 首发；在国内，2008 年汶川地震后，Twitter 上出现第一条关于地震的消息比彭博社、路透社等通讯社的电稿都要快。就是拉登之死的消息也是由美国前防长的助理 Urbahn 用手机抢先通过微博发布的。这比美国总统奥巴马的电视讲话早了 12 个小时，“结果，等奥巴马对着镜头演讲的时候，拉登的死讯早已传遍全球”。

五是独特的互动性。微博提供了关注（收听）、转发、评论、回复、私信、对话、邮件分享等互动功能，用户可以通过文字，也可以通过“表情”，还可以通过不费一字的“@”的提醒和转发来实现各种形式的互动。

微博不仅互动性强，而且互动方式独特。有人将微博的互动方式总结为“背对脸”的“创新交互方式”，“与博客上面对面的表演不同，微型博客上是背对脸的交流，就好比你在电脑前打游戏，路过的人从你背后看着你怎么玩，而你并不需要主动和背后的人交流。可以一点对多点，也可以点对点”。这种互动方式总体上带有很强的灵活性和非强制性，同时也因为粉丝或听众的逐级转发而具有很强的扩散性和多样性。

六是碎片化。微博 140 字的字数限制，表达方式的草根性和便利性，表达要求的低门槛化和随意化，也导致了微博内容上的碎片化。随意化、情绪化的表达使微博内容呈现很强的碎片性。据调查，在 Twitter 上有

40.55%的内容属于“我在吃三明治”之类的无意义的嘀咕。个人琐事的信息占据Twitter传播内容的80%以上。

七是多级裂变性。微博内容通过众多粉丝的多级转发放大，使得微博传播方式呈现出多级裂变的特征。微博的这种裂变式传播不同于传统的点对点、点对面的传播，而是逐级裂变式的不断加速传播，一个人的微博可以被其“粉丝”转发，再被“粉丝”的“粉丝”转发，不断裂变蔓延，加速放大。

八是黏合性。微博交流方式是基于follow关系的多层面交流，这种交流不光是信息交流，更多是情绪和情感交流。尽管这种情绪和情感交流带有很强的虚拟性，但是同样给习惯于、热衷于或沉溺于虚拟世界的人带来某种心理上的满足。这种对虚拟情感交流的热衷程度，也可以从一些影视明星人物的庞大粉丝数量（有的多达千万人之巨）上看出。这种基于follow关系的多层面的情绪、情感和信息交流，使得微博具有很强的黏合性。

微博的黏合性不仅表现在软件和内容上，还表现在硬件和技术层面。微博使用终端的多样化、移动化、贴身化，设计界面的人性化、友好化，使用方式的低门槛和便利性，都导致微博用户的使用时间增加，增强了微博对用户的黏合性，由此也导致了“微博控”的出现。

微博用户的快速增长也从侧面证明了微博的黏合性。有关资料显示，一种新兴媒体用户普及5000万人，“广播用了38年，电视用了13年，互联网用了4年，而微博只用了14个月”。

新浪与腾讯微博的“性别”差异

有人说大众媒介的性别是男性。因为大众媒介习惯于从男性视角看待问题，习惯于把女性作为观赏对象，甚至对女性的形象、婚恋品头论足。还有人说，整个人类历史都是男性化的历史，因为“男性书写”及“书写男性”是人类思想文化史既定的书写规则——历史中要么没有女性的身影，要么就是按照男性价值标准被任意歪曲的女性。

撇开这些女权主义批判理论的观点不说，如果单单从男女存在的性别差异来比拟媒体的话，媒体也是有差异的——有的理性，有的感性；有的深沉，有的喧哗；有的尖锐，有的温雅。如果让我对当前国内均宣称用户数已经破亿的两大微博——新浪微博和腾讯微博的风格做一番简单比较的话，我会说，新浪微博更具男性气质，而腾讯微博更有女性风范。这种感觉可以从以下几个方面得到印证。

首先，腾讯微博的用户群体远比新浪微博的年轻。新浪网与腾讯网虽然都创办于 1998 年下半年，但是新浪在早期的发展实力、人气积聚度均高于腾讯，积累了早期一批中青年忠实用户，如今他们都已经向中老年转化。加之，新浪的服务除了新闻以外，以邮箱、论坛、博客为主，犀利的评论也曾经是新浪的风格，这些服务功能也为新浪微博积累了一批中老年特色的用户。而腾讯的服务则以即时通信 QQ、腾讯空间、游戏、同学录等为特色，风格上较新浪更为时尚、更“炫”、更符合青少年心理，这些服务和风格为腾讯微博积累了一批远比新浪微博用户更年轻的用户。

其次，腾讯微博的内容比新浪更“文艺”、更娱乐。用户年龄上的差异导致用户兴趣的差异，进而导致微博表达内容上的差异。由于腾讯微博用户比新浪年轻，两者在微博内容上也表现出截然不同的风格。新浪微博内容多以社会“硬”问题为主，表现更思辨、更深沉一些；而腾讯微博内容则以娱乐“软”信息为主，表现更娱乐、更“文艺”一些。这体现在腾讯微博上则是一些编写精致、用笔工整、意境优美的散文性、诗意化、哲理性的“经典语录”和搞笑幽默的“冷笑话”发表率和转播率远高于新浪微博。

再次，腾讯微博比新浪更“炫”。同样是由于年龄和群体原因，新浪微博和腾讯微博在表达方式上存在差异。新浪微博用户更喜欢用文字来表达，即便用图也多以实拍的照片为主。而腾讯微博用户更喜欢发图片，而且动漫类创作型图片占有很大比例。视频用的也比新浪微博多。

不仅如此，腾讯微博的内容也比新浪微博的更琐碎。情绪化、草根性、非专业化、琐碎化、无意义的表达是微博的一个鲜明特征。有关调查显示，在美国最早的微博 Twitter 上有 40. 55% 的内容属于“我在吃三明治”之类的无意义的嘀咕。个人琐事的信息占据 Twitter 传播内容的 80% 以上。尽管这是微博的共性，但是腾讯微博的琐碎化比起新浪来更加明显。不仅平均每条微博的字数少于新浪，而且个人情绪化的无意义“嘀咕”频率也高于新浪。

最后，腾讯微博用户的追星心理明显强于新浪微博用户。虽然新浪和腾讯微博人气用户排行榜的前十名基本上是娱乐、体育明星，但是腾讯微博用户的追星集中度更加高于新浪微博用户。在 2011 年新浪微博的名人排行榜，排名第一的是姚晨，粉丝数是 820 多万，第二名是小 S，粉丝数是 730 余万。而在腾讯微博名人热度总榜，排在第一位的刘翔粉丝数早已超千万，成为全球人气第一的微博主，目前粉丝数已经超过 1600 万；其余前六名粉丝数也都在 1500 万以上。

我曾经专门在微博上征求网友对新浪微博和腾讯微博差异的看法。博友“happy 燕”认为，“感觉新浪比腾讯深刻一点”。博友“吕卓斌是皇上爱的范统”则认为，“新浪的用户比较高端，腾讯的用户比较年轻。新浪的互动情况比腾讯好”。博友“肖雅兰宁馨儿”认为，有很多可比较的。她根据个人的使用感受和推测，除了笔者前述的用户年龄差异外，感觉还有以下差异：①用户受教育程度——新浪普遍受教育程度高，腾讯（用户）感觉文化层次和新浪差一个级别；②用户地区——新浪一线城市用户多，腾讯拥有广大的二三线城市用户；③用户活跃度——新浪明显活跃度高于腾讯；④名人微博——新浪名人多，腾讯名人逐渐增多……总之感觉新浪上面的人“纯”些；腾讯上面的人相对比较“杂”。另有博友“kerling”认为：“腾讯比较容易转发，但粉丝增长似乎仅限于QQ好友之间，评论较少，有些话其实QQ上可以沟通，所以就不用拿到微博上来了。我觉得新浪优势就在于没有IM的羁绊，像一个微博，然后有自己的小创新。腾讯太容易把微博做成另一个QQ。”

微信舆论传播与用户使用特征

微信作为一种新生的传播形态和用户数量众多、影响力极大的传播媒介，其用户使用习惯、舆论传播等均具有不同于其他新媒体的特殊性。为了对用户使用微信参与舆论传播的行为有一个较为客观的定量描述，研究者在2014年10月专门进行了一次微信用户使用习惯和微信传播的问卷调查。调查通过网络调查形式进行，截至报告时共收到有效问卷138份。调查分析发现微信在舆论传播和用户使用习惯等方面呈现以下五大特征。

一是微信舆论传播呈现用户使用高频率、高黏度和基于强关系、深层次情感影响的倾向。调查发现：

微信用户使用呈现高频率倾向，每天使用微信的用户近九成。微信已经成了用户每天必须使用的信息传播和情感交流工具，每天使用1次及以上的用户占86.96%。其中，每天使用1~2次的占16.67%，每天使用3~5次的占14.49%，每天使用5次以上的高达55.8%。而只是偶尔使用的仅占13.04%，从不使用的则没有发现。

微信用户使用黏度较高，超过一半人每天使用半小时以上。每天使用微信在半小时以下的仅占45.65%，其中，每天使用10分钟以下的仅占25.36%，每天使用10~30分钟的占20.29%。而每天使用微信超过半小时的占54.35%，其中，每天使用微信30~60分钟的占17.39%，每天使用微信1~2小时的占14.49%，每天使用2小时以上的达22.46%。高达36.95%的人每天使用微信1小时以上。

用户使用微信的两大动机分别是亲朋好友之间的情感交流和了解新鲜观点、意见。用户使用微信的最主要动机是亲朋好友之间的情感交流，占47.1%。了解新鲜观点、意见的则处于第二位，占25.36%。用户使用微信的动机按强度高低依次还有：了解新闻信息、学习新知识与休闲娱乐，三类分别各占7.97%，其他占2.9%，购物打车与支付占0.72%。

二是微信成了用户参与舆论信息生产和传播的重要工具，且舆论信息的生产呈现向舆论领袖集中化趋势。调查发现：

七成用户参与微信原创信息的生产和传播。微信用户中只看不发和只转发别人信息的分别仅占17.39%和11.59%。其余71.02%的人积极参与微信原创信息的生产和传播，其中，只发自己原创信息的占4.35%，既转发别人信息也发原创信息的人员比例最高，占66.67%。

近四成用户每天发布转发2条以上微信信息，微信发布呈现集中化趋势。虽然用户使用微信的时间呈现增加趋势，但是微信信息发布数量呈现向少数微信“发烧友”集中化的趋势，每天发布5条以上信息的仅占4.35%，每天发布4~5条的占5.07%，每天发布2~3条的占26.09%，而绝大多数微信用户每天发布1条及以下，占64.49%。

三是微信成了用户使用频率最高、使用时间较长的媒介。调查发现：

微信成了用户使用频率最高的媒介。认为自己每天使用最高的媒介是微信的用户，占43.48%；其次是网站，占42.75%；排在第三位的是微博，占9.42%；电视仅排在第四位，占4.35%。微信的用户使用频率远超过微博，也印证了微博用户向微信转移的说法。

微信成了用户每天使用时长仅次于网站的媒介。受访者认为每天使用时间最长的媒介是网站，占50.72%；微信成为仅次于网站排在用户每天使用时间最长媒介第二位，占30.43%；微博排在第三位，占10.14%；其余依次为电视占6.52%，报纸占2.17%；广播和期刊所占比例均为0。

四是微信成了用户了解传播新闻信息，特别是重大突发事件的重要渠道。调查发现：

微信成用户了解新闻信息三大主要渠道之一。56.2%的用户认为了解新闻信息的最主要渠道是网站，排在第一位；微博排在第二位，占16.79%；微信略逊于微博排在第三位，占16.06%；其余依次为广播电视、报纸期刊、其他和亲友口头传播，分别占4.38%、3.65%、2.19%和0.73%。

微信成用户最先获知重大突发事件的第二大渠道。43.48%用户认为近来最先获知一些重大突发事件的渠道是网站，排在第一位；微信成用户最先获知重大突发事件的第二大渠道，占 25.36%；排在第三位的是微博，占 20.29%；其余依次为广播电视、其他、亲友口头传播和报纸期刊，分别占 4.35%、2.9%、2.17% 和 1.45%。

五是微信已经成了传播效果巨大、在用户中具有较大可信度、较高认同度和很高亲和度的传播媒介。调查发现：

近两成用户认为微信信息比较可信。虽然微信用户对微信信息可信度的看法并不太高，高达 68.84% 的用户认为微信信息可信度一般，但认为微信可信的人员比例高于认为不可信的人员比例。认为微信非常可信的人员比例为 0，认为比较可信的占 17.39%，而认为非常不可信和比较不可信的分别占 1.45% 和 12.32%。

两成用户比较认同微信上表达的观点、看法与价值。19.71% 的用户对微信上表达的观点看法与价值比较认同，非常认同的比例为 0，而对微信上表达的观点、看法与价值比较不认同和非常不认同的比例分别仅占 9.49% 和 0.73%，其余 70.07% 的用户对微信上表达的观点、看法与价值的认同度为一般。

微信用户情感认同度高，近七成用户非常或比较喜欢微信。微信用户情感认同度较高，68.11% 的用户非常或比较喜欢微信，其中非常喜欢的占 11.59%，比较喜欢的占 56.52%。喜欢程度一般的占 31.16%，而比较讨厌的仅占 0.72%，非常讨厌微信的没有发现。

门户网站是否还有未来

随着移动新媒体的发展，基于传统互联网发展起来的门户网站的境遇开始变得尴尬起来。从现有的用户使用习惯来看，用户进入互联网的方式是越来越便捷、多样，出现了“大路不走，走小路”的现象。移动客户端、微博、微信、传统的桌面弹出窗口、搜索引擎及其基于用户搜索习惯的自动推介消息等看似杂乱无章的方式，成了人们进入互联网，获取网上信息和服务的主要入口。门户网站在不知不觉中从新媒体沦落成了“旧媒体”。

由此，也导致了人们对于互联网门户网站前景和命运的担忧。而人们对于门户网站的这种担忧很多来自类似于对传统媒体的担忧。就像担心报纸等传统媒体的消亡一样，担心门户网站也会走上同样的“不归路”。其实，门户网站和报纸等传统媒体的命运不可同日而语。

从功能上来看，报纸是单一的以提供新闻为主的信息工具；而门户网站的功能并不仅仅是获取信息的工具，它还是提供网上包括情感交流在内的交流互动和办事服务的综合性生活工具。报纸从某种程度来说是工业社会的生活工具，而门户网站则是建立在互联网发展基础之上的信息社会的生活工具。

从生产方式来说，报纸的生产方式是企业化、组织化的生产，是少数专业人士的封闭式生产；而门户网站的生产方式则是建立在互联网的基础上，可以是社会化、大众化的开放式的生产方式。它为用户之间广泛的互助和互相依赖提供了可能。很容易产生“众人拾柴火焰高”的相互激励的服务效果。门户网站的生产方式尽管目前还没有摆脱传统媒体的生产方式惯性，但是它完全具有变革的可能性和发展潜质。

从信息传播的发展趋势来看，信息传播正变得越来越轻盈、灵动，呈现出“脱物质”化的倾向。传统的信息传播总是过度依赖于某些“沉重”

的物体，比如石头、金属，直至后来的纸张。这使得这种过度依赖物质的传播，在环境、生态越来越成为人们生存问题的情况下，开始变得落后。这种传播方式已经无法与网络互动、高效、较少依赖物体及生态友好化的信息传播方式相提并论。建立在网络传播基础上的门户网站，契合了信息传播“脱物质”化和生态友好化的发展趋势。

从用户使用某种工具的习惯来说，便捷与实用永远是需求的基本法则，在此基础上舒适、高效等是更高一级的需求。门户网站作为网络工具来说，它的便捷与实用功能仍然具备。这就降低了其被替代的可能性。而在互联网时代，报纸特性中所谓“携带方便”的便捷性显然已经无法和网络相比，其信息的实用性也因为时效性失去价值，至于舒适、高效更无法与网络相比拟。

尽管社会发展的规律总是喜新厌旧，就像报纸必然会衰落，门户网站也终将会被新的工具所取代，但是在互联网时代，这种建立在新的传播形态和生产方式基础上的兼具网上信息传播、交流互动和办事服务功能的综合性生活工具远没有到终结的时候，门户网站的发展潜力仍然还没有充分发挥。

其实，就像现实生活中我们总要依靠走过一条条路、一道道门才能抵达我们的目的地一样，门户网站的功能在互联网时代仍然无法代替。但是，随着人们可选择路径的增多和对各种抵达目的地路径的更加熟悉，人们往往不再习惯于总是通过某一个“门”进入，而是会选择一些自己更熟悉、更加便捷的路径抵达自己的目的地。由此，传统的大一统式的门户网站将不再是用户进入互联网某个区域、空间的必然选择，传统的门户网站也就会失去存在的价值，不得不面临着自我革命，转型亦成为必然。

可以想象，未来的门户网站可能不会像现在这样“庞杂”“笨重”和“呆笨”，而是会变得更加“精准”“轻巧”和“智能”。门户网站不会还像现在这样以海量信息自诩，而是会以能够及时提供用户真正需要的信息为荣。它不再是一望无涯需要用户“苦作舟”才能找到自己想要的信息的汪洋大海，而是能够揣摩用户需求提供贴心服务的“及时雨”。随着移动互联网时代的到来，期待传统门户网站直面自身问题，及早实现华丽转身。

门户网站的未来走向

在传统门户网站已经从新媒体逐渐沦为“旧媒体”的情况下，传统门户网站也面临着不得不转型的压力。从信息技术发展趋势、用户习惯的变化和现有门户网站存在的弊端来看，未来的门户网站将可能面临以下几种转型方向。

一是基于用户习惯与需求的精确性、智能化和个性化转型。目前信息技术发展，特别是大数据技术在用户习惯统计和挖掘方面的应用，使得互联网为用户提供更加精确的智能化和个性化服务成为可能。这为传统门户网站的自我革命提供了难得的机遇和技术条件。

传统门户网站从某种程度上说是一个信息和其他服务的综合性大仓库，不论是什么年龄、性别、需求和习惯的用户都要从同一个仓库门进去，都要在浩如烟海的物品中翻找自己需求的“物品”（信息或服务）。有的仓库在入口处放置了导购地图，简单点的就是传统门户网站的“导航条”，详细点的类似于门户网站的“网站地图”；有的入口处还设置了常用或者仓库推荐商品的展台、展柜，这就是门户网站的“首页”；有的还会提供仓储商品的目录册供用户自由翻找、检索，这就是传统门户网站的搜索引擎。

传统门户网站这种仓储式信息和服务的陈列放置形式是基于仓储方，也就是信息和服务的提供方便利的陈列形式，而不是基于用户需求和便利的存放形式。其信息和服务看似井井有条，用户寻找起来却费时费力，十分不便。虽然有些传统门户网站认识到这种仓储式信息和服务的陈列弊端，也进行了一定的优化和改良，但是至多是将仓储式门户网站升级成了自选超市式的门户网站。门户网站的思维方式并没有得到根本改变。信息和服务仍然是以提供方为中心，只是对信息和服务的方式进行了一定程度的架构优化，用户获取信息和服务仍然是被动式的。

而基于用户习惯与需求的精确性、智能化和个性化的门户网站，是利用大数据技术对用户习惯和需求进行深度挖掘、分类和分析，是在准确把握用户需求、心理和习惯基础上提供的更加精准式、个性化的服务。用户打开门户网站，将不再是目前千人一面、统一呆板、毫无表情特色的门户网站，而是不同的用户将会看到一个自己所需要的、个性化的门户网络。用户寻找起自己需要的信息和服务将会更加便捷、高效。门户网站提供的服务和信息不再是被动式地坐等用户上门翻检寻找，而是针对用户所需，主动推介用户需要的各种信息和服务。

当前，这些初步智能化的推介技术已经在京东、淘宝、亚马逊、当当、搜房、365 地产家居网，以及新浪微博、腾讯微博等购物、房地产和微博网站中有了初步运用。除此之外，在百度、谷歌等搜索引擎的首页也会根据用户的搜索习惯进行偏好性新闻和常用网站的主动推送服务。但是，这些推送服务的精准性和智能化程度还不高，在门户网站中也未见有较为成熟的应用。这将会成为未来门户网站脱胎换骨、留住用户的一个发展方向。

二是基于移动用户需求的移动化、轻型化和微门户转型。传统的门户网站是建立在传统互联网和台式、笔记本计算机应用基础上的，以其内容全面、容量庞大为特色，而移动互联时代的门户网站由于使用设备的限制，无法承担、运行如此庞杂的内容，其界面显示也需要更加简洁和瘦小。这要求移动互联网时代的门户网站必须要对传统门户网站进行较大程度的“瘦身”，要向小型化、轻型化的微门户转变。移动互联网时代的门户网站不再是以大而全为特色，而是以小而精为优势。

中国互联网信息中心 2014 年 1 月 16 日在北京发布的《第 33 次中国互联网络发展状况统计报告》显示，当前使用移动设备上网的网民比例已经超过了传统台式设备和笔记本上网的网民比例，而且还在呈增加趋势。“截至 2013 年 12 月，中国手机网民规模达到 5 亿，年增长率为 19.1%，继续保持上网第一大终端的地位。网民中使用手机上网的人群比例由 2012 年年底的 74.5% 提升至 81.0%，远高于其他设备上网的网民比例，手机依然是中国网民增长的主要驱动力”。

不仅如此，在农村网民中，由于经济发展和互联网发展的阶段性原因，早期农村网民难以承担台式机和笔记本设备较为昂贵的费用，加上农村互联网络的落后和不便，农村网民已经直接跨过传统的依靠台式机和笔记本的上网方式，而直接进入了移动互联网时代。资料显示农村新增网民中使用手机上网的网民比例远超过城市新增网民比例。

移动互联网的快速发展，使得传统的门户网站必须尽快适应移动互联网发展的变化和网民上网方式的变化，及时向移动门户网站转型，向更加符合移动互联网、移动上网设备和移动网民习惯的需求转变。

三是基于新型互联网生产方式、社会化的门户转型。传统门户网站的信息和服务生产方式是以内容提供方为主的单一主体生产方式。这在当前社会发展瞬息万变、信息传播渠道空前繁荣多样、用户信息需求更加迫切、主动、积极而对时效和质量要求更高也更加多样化的情况下，传统的门户网站生产方式已经无法满足当前用户的需求。

有资料显示，2014 年上半年微博用户已经超过 5 亿，微信用户超过 6 亿，其中微信海外用户大约 1 亿。微博、微信、QQ 空间的好友动态等社会化媒体之所以会受到用户喜爱，很大程度上在于其信息和服务的生产方式产生了革命性的变化。这些社会化的媒体信息生产方式不再是内容提供方的单一主体生产方式，而是信息和服务使用方自助式的海量主体共同提供内容的社会化生产方式。用户既是信息和服务的使用者，同时也是内容的提供者。这种社会化自助式生产方式的生产效率更高，是传统单一主体的生产效率远远无法企及的。

门户网站的未来发展必然要求打破传统单一主体高成本、低效率、相对落后的生产方式，通过自我革命，实现向多主体、高效率、低成本、更加先进的社会化生产方式转变。变私家厨房式的生产方式为自助式、开放存取式的社会化生产和服务方式。

四是基于用户愉悦体验的更加便利、友好的交互式门户转型。传统门户网站的页面设计是消极的、被动式的，用户获取信息和服务需要去主动点击页面上的栏目和功能模块，以致具体的信息和服务都无法和用户进行互动，界面缺少友好性和交互性。用户获取信息和服务缺少愉悦感和便利性，这降低了用户使用门户网站的积极性和黏合度。

从用户的使用心理来说，愈是便利、友好的，能够给用户带来愉悦体验的应用，愈能受到用户的偏爱。而那些页面设计呆滞、消极等待用户去点击浏览的网站，除非用户迫不得已去使用，否则很难产生勾起用户使用的兴趣和主动性。传统的门户网站从设计理念上来说，仅仅注意设计形式的美观和内容陈列的条理性，不关心用户的使用心理和浏览习惯，缺少与用户的有效、友好的互动。因此，有必要利用最新的软件开发和设计理念，对网站的页面和功能进行颠覆性的改变，及时向高效、友好的交互性设计转变。

五是基于用户多样化需求的功能性转型。传统的门户网站以提供信息服务为主。随着人们生活方式和习惯愈来愈互联网化、信息化和虚拟化，传统门户网站的单一信息服务方式将难以适应人们的多样化需求。

当前互联网已经成为人们生产、生活的必需品和必备工具，网络生活不仅是人们现实生活的简单延伸，而且已经成为人们现实生活中不可缺少的一部分。人们在网上不仅寻找分享各自所需的信息，还利用网络交友、婚恋、交流情感，同时网络也成了人们购物、消费、交通出行、看病就医、资金往来等必不可少的生活工具。一些人还利用网络进行金融增值、产品贸易，甚至远程加工、服务外包等生产经营活动。

在人们已经从最初的通过门户网站浏览信息的“看网”阶段，向日益注重使用网络生产、生活等实用功能的“用网”阶段转变过程中，传统的门户网站应及时把握动向，由信息服务型向功能服务型转型，由信息工具向生产生活工具转型。

六是基于用户专门化、本地化需求的专业化、地方化转型。在现实生活中，人们有的喜欢到大型商业综合体去购物，也有的喜欢到专卖店、连锁店去选择自己需要的商品。门户网站从传统的理念来说类似于大型超市，以规模的庞大和产品的齐全为特点，这种理念在当前人们的需求更加多样化、个性化和专门化的情况下，已经难以适应现实需要。有必要根据人们的需求特征，及时转变理念，发展一些满足人们专门需求的专业化门户网站，使门户网站由“宽门”向更加专业的“窄门”转型。这种转型也是与电视等媒体为了适应用户专门、个性和分众化趋势，而采取的“窄播”策略是一致的。

随着一些大型门户网站对全国性市场的瓜分和逐渐定型化，一些新兴的门户网站无法也没必要再向全国性门户网站发展，而应立足地方，利用地域上、地理上与本地用户心理上的贴近性和服务的便利性，将发展战略向地方性门户转型，以服务地方群体为宗旨，找到属于自己的发展“蓝海”和生存空间，而不是盲目地向全国性门户发展。

地方新闻网站亟须“去新闻化”

地方新闻网站怎样生存，如何做大？这个问题无论在业界还是学界都有不少人在思索，甚至也有不少人纷纷支招。

什么品牌化、地方化、特色化、专业化、商业化、生活化、国际化，什么整合、深度、融合、分众、权威、公信、“小而特”“小而巧”，什么走出去、转企改制、上市融资、内容为王、全媒体……一招比一招听起来响亮，一个比一个看起来鲜亮。全媒体概念流行时，争相声称要打造全媒体；上市时髦时，又纷纷设法往创业板块挤，似乎一“全”就灵，一“股”就成。

然而，不管业界学界指点江山的高人专家如何激昂文字，地方网站的CEO和其他中流击水的实干家们又如何百舸争流，地方新闻网站很少真正能够做大的，更别说做强的。绝大多数地方新闻网站仍然没有摆脱传统媒体网络版的附庸命运。

相反，倒是一些似乎不起眼甚至根本没有被依托传统媒体品牌和资源优势、自诩为出身“名门”“正统”的地方新闻网站放在眼里的，看似不像新闻网站，甚至不像网站的不入流的一些网络平台纷纷站稳脚跟，悄无声息地在做大、做强，成了传统新闻网站仰望的对象。

其中原委，除了这些商业性的网络平台一开始就比那些依附传统媒体的地方新闻网站在平台开发技术和用人机制方面更加高效外，很大程度在于这些商业网络平台从创办之初就瞄准了用户的需求——生活、工作、情感等根本性的需求，而不是仅仅停留在拷贝一些传统媒体的新闻信息等浅层次的服务层面上。

从网民的应用习惯来看，网络新闻并不是网民首选的网络服务。根据中国互联网信息中心（CNNIC）于2011年7月发布的《第28次中国互联网络发展状况统计报告》显示，受众最广的前五大网络应用中，网络新闻只“屈居”搜索引擎、即时通信和网络音乐之后的第四位。不仅如此，随着微博等替代性信息获取渠道的兴起和互联网逐步向低学历、高年龄群体渗透，网络新闻的使用率还呈下降趋势。2012 年 1 月发布的《第 29 次中国互联网络发展状况统计报告》再次表明，网络新闻使用率已经从 2009 年年底的 80.1% 下降至 2011 年年底的 71.5%，两年间下降了 8.6 个百分点。

可以预见，随着网络用户从高学历向低学历，从城市向农村，从主流向边缘的进一步普及，同时，也随着新闻信息获取渠道的进一步放宽，新的信息传播技术和手段的不断出现以及新的替代性信息获取渠道的不断增加，传统意义上的网络新闻使用率将会进一步走低，到新闻网站看新闻的人将会进一步减少。

从地方新闻网站的生存环境来看，以新闻服务为主的网站竞争激烈，不仅数量众多，而且同质化严重。一些地方新闻网站正面临着将被淘汰和重新洗牌的局面。《第 29 次中国互联网络发展状况统计报告》显示，截至 2011 年 12 月底，中国网站总数经历 2010 年的大幅下降之后，已稳步回升至 230 万个。虽然我国新闻类网站的总数还缺少一个准确的数据，但是相信这 230 万个网站中有很大一部分是传统意义上的新闻网站。

在当前一些传统媒体纷纷创办新闻网站，一些大型全国性新闻门户网站纷纷创办地方频道和地方网站，各级政府机构、宣传部门也纷纷创办各种以新闻发布和信息公开为主的网站情况下，新闻类网站不仅数量众多而且竞争激烈，一些非政府财政支撑和资助的地方新闻网站正面临着被淘汰出局的局面。

从互联网产业的发展实践来看，互联网行业收益较高、发展较快的并不是传统意义上的新闻网站，而是搜索引擎和电子商务之类的公司。据媒体报道，谷歌 2011 年一年的营业收入达 379 亿美元。相比之下，根据美国报业协会（NAA）发布的数据显示，2011 年，美国报纸行业全年总广告的营业收入为 239 亿美元，不及谷歌一家公司的年收入。

从地方新闻网站的发展实践来看，地方性新闻网站的业绩表现也远不如一些专业性服务网站。在南京地区，首先上市的网站并不是江苏广电网、新华日报报业网、扬子晚报网、南京日报报业网、现代快报网这些强势新闻媒体举办的网站，也不是由广电、报业和出版三大集团联合入股的自诩为江苏省第一新闻门户网站的中江网，而是一家专门提供房产交易服务、创办仅数年的民营网络服务平台——江苏三六五网络公司的365地产家居网。

从全国范围来看，在互联网行业呼风唤雨、发展较快的也并非是提供传统新闻服务的新闻网站，而是淘宝、京东之类的购物网站，即便是腾讯、网易之类以提供新闻服务为招牌的全国性新闻网站，其主要收益也并非来自传统意义上的网络新闻服务及其带来的广告收入，而是来自其他网络增值服务。有资料显示“从收入构成上看，腾讯90%的收入来自娱乐，只有10%来自媒体——网络广告。为广大QQ产品使用者提供更多、更好的服务，才是腾讯盈利的主要来源”。根据网易公司公布的“2011年第四季度及年度财务报告”，2011年总收入为75亿元人民币，其中，在线游戏收入为66亿元人民币、广告服务收入为7.95亿元人民币、无线增值服务及其他业务收入为1.25亿元人民币。由此可以看出，网络游戏业务占网易总收入的88%，而广告收入只占到网易收入的10.6%。

无论是从互联网产业的发展实践、网民的使用习惯、主要新闻网站的收入构成，还是从地方新闻网站的竞争环境和成长业绩来看，传统意义上的新闻网站的发展已经越过了跑马圈地的初期阶段。传统新闻网站的发展空间已经基本上被“列强”瓜分完毕，单纯意义上的新闻网站已经很难再找到新的生存“蓝海”。无论对于地方性新闻网站还是全国性新闻网站，适应新媒介技术的发展趋势、深层次贴近用户的生活、娱乐和工作等基本需求，走出网站单纯依靠新闻发展的传统思维窠臼，“去新闻化”，寻找新的生存模式已经成了当务之急。

电视衰歌

早在2013年年初笔者就发现，家人的媒体接触习惯正在不知不觉中发生改变。以往大家喜欢围坐在电视机前看电视，有时还会因为各人喜欢看的节目不能达成一致而发生“冲突”。小到言语相向，大到因为争夺遥控器而发生“肢体冲突”。可是，现在家人接触媒体最常见的情景是每人抱着一部能上网的手机，或者上网看视频，或者上微博、微信，或者上网看新闻、听音乐。电视机也因此变得清闲得很，如果不是我看看纪录片和老电影，几乎会忘了家里还有电视机的存在。

即便是我这个算得上是比较“顽固”的老电视迷，也很少能在电视上发现自己爱看的节目。常常是拿起遥控器将能看到的电视频道一个不漏地翻一遍，再翻一遍，直至睡觉时间只好作罢。这从某种程度上说，也算不上是看电视，根本不是看电视节目，而是看看电视里究竟有什么，甚至有时只不过是在习惯性地消磨时光。

电视，这个被认为20世纪最伟大的发明之一，这个因为其无可抗拒的诱惑而被视为“侵入家庭的窃贼”，这件当时被视为时髦的“会说话的家具”，如今真的魅力不再、英雄迟暮了吗？恐怕即便有人肯定这样的说法，也绝不是耸人听闻。在互联网、智能手机、平板电脑等新的视频、新闻和娱乐工具的冲击下，电视虽然还远没有到山穷水尽的境地，但是以目前现有的电视服务水准和媒体竞争态势来看，其衰落是必然的，没落是迟早的。

为了搞清如今电视为什么会受到家人冷落，为什么不再像曾经那样讨人喜爱，我在2013年3月专门花时间对电视收视的黄金时段播出的节目做了一番统计。2013年3月9日19:43至20:43，我对由当地有线电视提供给我家电视机的178个频道播出的节目进行了统计。发现这178个频道除了需要交费点播的收费频道和少量还没有播出节目的“预留通道”及看不到具体内容的“测试节目”外，能直接收到节目的频道还有 82 个。这 82 个频道按理说“萝卜青菜各有所爱”，应该“总有一款适合你”，你总能找到自己喜爱的节目，但是，事实情况并非如此。

这 82 个免费频道（相对于收费频道而言，其实也交了有线电视收视费）中，有 2 个在同步播放人大一次会议记者会，有 6 个频道是电视购物（大声叫卖从皮衣、香水，到厨具、电视机），有 5 个少儿和动画频道，有 4 个教育或学习频道（其中有 2 个直接在上公开课）。至于播电视剧的频道，有 2 个在播《五号特工组之偷天换月》，3 个在播《青春期撞上更年期Ⅱ》，3 个在播《错嫁》，3 个在播《爱情自有天意之心心相印》，4 个在播《樱桃红》，其余还有《绝战》《战雷神》《箭在弦上》《利箭行动》《诛寇行动》《战火四千金》《民兵葛二蛋》等战争剧，这其中有很多是目前颇受诟病的抗日剧，再有一些则是《娘要嫁人》《娘家的故事 3》《当婆婆遇上妈》《媳妇的美好宣言》《贤妻》等家庭伦理剧，这有些不说内容情节，从名字上就雷同。

这 82 个频道除了这些雷同重复的节目，再去掉收视指南频道、戏曲频道、教人化妆的频道、英文频道等受众比较狭窄、单一的频道和一些说教色彩较浓的频道，真正能让人选择的频道其实已寥寥无几。难怪我一度曾经冒出了找有线电视公司索赔的念头，因为几十个频道翻一遍竟然没有一个能看的，不是制作粗糙就是重复说教。既然商家提供劣质的服务我们可以投诉索赔，那么我们付费购买的有线电视收视服务如果不能让人满意怎么就不能投诉索赔呢？

让人为电视前景担忧的，除了现在电视提供的服务水准让人失望以外，电视与新媒体竞争的态势也同样让人忧虑。有几条信息可以印证这种忧虑并非杞人忧天。

其一，前不久，百度发布财报显示，2012 年百度的广告收入为 222.46 亿元，同比增长率高达 53.5%。而 2012 年央视的广告收入为 269.76 亿元，同比增长率低于 15%。百度广告收入将有望超越央视。在美国已经出现了互联网广告收入超越电视的局面。根据市场研究机构 IAB 的统计，2011 年美国互联网的广告收入达到 317 亿美元，第一次超越有线电视的广告收入，而其距离广播、电视的广告收入也只有 70 亿美元的差距。

其二，据新浪科技讯 2013 年 3 月 12 日的午间消息，美国市场研究公司尼尔森周一发布报告称，全美约有 500 多万家庭不再观看传统的有线电视或卫星电视，较 2007 年的 300 万这一数值已有大幅增加。尼尔森将不再观看有线电视或卫星电视，转而通过 PC、智能手机或平板电脑观看流媒体视频的家庭称作“零电视家庭”。而且这类家庭数量虽然占比不大，但已出现了大幅增长。尼尔森还发现，零电视家庭通常较为年轻，约有半数低于 35 岁。

国内调查机构艾瑞咨询的数据也显示，中国人观看电视的时间正在逐步减少，电视观看人群的年龄结构也开始“老龄化”，主流人群已在 40 岁以上。其中，2012 年北京地区电视机的开机率已跌至 30%，而这一数据在 2009 年还维持在 70%。

如此，简单断言电视将消亡似乎还为时太早。但是，如果以目前的服务水准和仍然以老大自居或对新媒体竞争不以为然的态势，电视衰落或者设法转型将成必然。

3D 报纸把脉

3D 报纸来了。2010 年 3 月 9 日，比利时诞生了被称为“欧洲乃至世界上第一份 3D 报纸”的《最后一点钟报》。仅仅一个多月时间后，湖北《十堰晚报》就推出中国首份 3D 报纸。随后，《齐鲁晚报》《南方都市报》《安徽商报》《每日商报》《都市周报》《扬子晚报》《城市晚报》《东方早报》《芭莎男士》杂志等十数家报纸期刊相继推出了各自的 3D“盛宴”——号外、特刊、专刊、彩页或整报。因为国内外 3D 报纸的争相登场，2010 年也被称为“3D 报纸元年”。

自 3D 从欧洲传入国内仅仅相差 38 天的速度说明当今世界文明传播的层级结构日益“扁平化”，传播方式日益直线化，甚至直接化，整个地球的村落化趋势更加明显。要知道，同样一项新技术的东西方扩散，造纸术在中国发明以后，经过了 600 多年才传到了中东，1000 年后才传到了欧洲。而欧洲的电报、广播、电视、电影、互联网传到中国也花了十数年到数十年不等。就是 1865 年林肯被刺杀的新闻，从华盛顿传到伦敦还花了 12 天时间。如今，网络传播、卫星通信等新传播技术的应用使得文明与信息的共享更加趋于同时化、同质化。

文明传播共时性的增强使得 3D 报纸就像好莱坞的 3D 大片一样在中西方国家几乎同时“上映”。但是，国内外 3D 报纸的所谓“视觉盛宴”大都仅仅是一场报纸的创新试验，甚或仅仅是玩玩概念，刺激一下人们对报纸已经审美疲倦、分散的注意力。3D 报纸绝不是，也不可能成为应对报业衰退、危机的“救命稻草”。

从 3D 技术的产生来看，以文字传播见长的报纸并不是展示 3D 的天然舞台。所谓 3D，不过是针对传统 2D——二维平面成像显像技术的升级版，是利用偏光技术原理等特殊的影像处理手段和人眼在影像还原时的视觉错觉而产生的三维成像显像技术。1839 年，英国科学家发明了一种立体眼镜后，3D 技术就开始在图画、电影等影像艺术和娱乐领域应用。1922 年，就产生了世界上的第一部 3D 电影《爱情的力量》。早期的 3D 电影打的就是影像的立体效果牌。1952 年上映的被认为是史上第一部真正的 3D 长片《非洲历险记》，其宣传口号就是“狮子在你腿上，爱人在你怀里”。早期的此类影片还常以指向观众的枪、扔向观众的物体为噱头。即便是早期这种简单的 3D 效果也是今天印刷相对粗糙、缺少动感的纸媒很难达到的。

对以文字传播为特长的报纸来说，从 2D 升级到 3D 甚至有不务正业之嫌。在当前网络、电视、手机和多媒体数字出版物等及时性、互动性更强，媒介融合程度更高，图文传播手段更为丰富的媒介冲击下，报纸的发行量在日美等一些发达国家已经多年来连续出现衰退迹象，不读报的人员群体在逐渐扩大，报业经济效益在整个媒体行业所占的份额也逐渐减小。一些报纸甚至出现了关门倒闭的情况。美国的一个知名脱口秀电视主持人甚至公开在节目中将报纸调侃为白色加黑色的快要完蛋的东西。这种报业衰退的趋势在发展中国家的中国也同样存在。如何应对新媒体的冲击、挽救报业衰退的命运，已经成了报业人无法回避的问题。也正是在针对报业衰退的危机面前，一些报人希望通过形式创新来实现报业的救亡图存。然而图像实在不是报纸的特长，放弃文字和深度很可能会让报业“死”得更快。

不仅如此，报纸的 3D 实验还很可能因为技术、人力和纸张等成本的增加而加速自身的衰退。被称为“湖南第一份真正意义上的 3D 报纸”的《潇湘晨报》据报道“斥资百万”。由于 3D 报纸不能采用传统的新闻纸印刷，而需要采用远高于新闻纸价格的铜版纸印刷，仅纸张成本就是原来报纸的数倍。《扬子晚报》3D 号外共 8 个版，成本也达到了“约为 2 元，其中纸张成本为 1.2 元”。此外，人力、技术研发和观看 3D 报纸所需要的特殊眼镜也是一笔不菲的支出。也正因为 3D 报纸成本高昂的原因，目前国内外的 3D 报纸大都停留在广告、重大庆典专刊的实验上。

从报纸的传播特点来看，3D 真正想在某一份除了画报或者纯广告报纸上全面推开几乎是不可能也不理智的。盲目推行图像效果远不及影视媒体的 3D 报纸只会是作茧自缚、以短搏长。从某种程度上说，3D 报纸的创新试验甚至是在为自己的竞争对手——电影、电视、网络等影像见长的媒体做“嫁衣”，即 3D 报纸为电影、电视、网络视频等影像媒体免费地培养了 3D 受众群。

新老媒体的冷与热

麦克卢汉曾经将媒体分为“冷媒介”和“热媒介”。他所说的“热媒介”是指具有“高清晰度”且“参与程度低、有排斥性”的媒介，如广播、电影、手写稿、口语等；而“冷媒介”则是“低清晰度”“参与程度高”“有包容性”的媒介，如电话、电视、印刷品等。由于其所处时代原因，麦克卢汉无法对电脑、手机、微博等新媒体进行分类，且其将电视归入“冷媒体”估计也与当时电视信号不稳定和电视技术还不够完善有关。

麦克卢汉的媒体冷热论是否科学姑且不论。不过，如果直观地按媒体受众参与程度的冷热与媒体在信息服务中表现的冷热来划分冷热媒体，也未尝不是一个更加简便且通俗的办法。

在2011年春节长假期间，新老媒介的“冷”与“热”就有了更加鲜明的表现。一面是传统媒体减版、炒冷饭、降低服务质量，甚至放假、休刊，冷冷清清过新年；一面是网络、手机、微博等新媒体红红火火闹新春。如果评选春节长假期间最给力的媒体，手机和微博等新媒体绝对当仁不让。而报纸和期刊只能退避三舍，甚或名落孙山。

在互动交流方面，除了QQ、MSN、新浪UC、飞信、电子邮件等网络交流工具异常活跃外，手机短信更是大显神通。据往年的统计数据估算，2011年春节长假期间全国各类短信发送量累计超过200亿条。仅大年三十这天，北京地区的手机用户就发出了近10亿条短信。上海地区，除夕当晚短信量也超过了15亿条。

在新闻传送和意见交流方面，微博、手机报、网站新闻则基本填补了报纸、期刊等传统媒体因为人员放假导致减版、休刊、发行停滞、信息量大打折扣等而造成的信息真空。春节期间，微博不但新增了拜年功能，而且在信息传播和意见交流中表现得十分“给力”。不仅中国社会科学院农村发展研究所于建嵘教授在新浪微博上开设的“随手拍照解救乞讨儿童”

微博引起了全国网友、各地公安部门的关注，而且南京等地的一些政府部门官方微博也全年不休，春节期间安排专人值班“织围脖”、发信息。

在娱乐休闲方面，网络视频、电脑、手机游戏、电子书等同样填补了数亿用户的相当一部分时间。而这些，同样也是被传统媒体在春节长假期间所忽视的。

如果把新老媒体在春节期间的服务表现拿龟兔赛跑作比喻的话，那么微博、手机等后起的新媒体则是被传统媒体不放在眼里的乌龟，而经过长期积累已经在市场竞争中暂时占据了主导地位的传统媒体却是那只躺在功劳簿上睡大觉的兔子。在春节长假这个几乎被报纸、期刊等传统媒体放弃、冷落了的市场，正是微博、手机、网络等新媒体大显身手的舞台和竞技场。

在新媒体加班加点、加速超赶、步步紧逼的情况下，当前传统媒体已经显出了老迈和颓势。有关统计数据显示，2010 年 2 月到 7 月，英国报纸发行量同比下滑了 5.59%。2009 年 11 月至 2010 年 3 月，美国报纸的发行量同比也下滑了 8.75%。拥有 160 年历史的美国大报《纽约时报》甚至已经开始计划“在未来的某个时间”停止印刷。另有数据显示，在 2007 年至 2009 年间，美国和英国的报刊发行量分别下降了 30% 和 25%。至于日本的出版业已经连续 6 年呈下滑态势。据日本出版科学研究所日前发布的统计数据，2010 年该国书籍、杂志的销售总额与 2009 年相比下降幅度达 3.1%，较之 1996 年创下的历史最高纪录减少了近三成。

与报刊等传统媒体不断衰退相对应的是，一些发达国家中超过一半的人在线阅读新闻，韩国人在线阅读新闻的人员比例甚至达到了 77%。为了应对媒体受众喜新（媒体）厌旧（媒体）这种变化和传统媒体的生存危机，一些传统媒体已经从纸上转移到了网上。如美国三大新闻周刊《美国新闻与世界报道》就在 2010 年 11 月停止印刷，致力于网络版业务，利用新型发行渠道，如苹果 iPad 和谷歌 Android 等移动设备发行内容。其 CEO 比尔·霍立波表示，杂志转型后做到了用之前 1/3 的人力生产出 50 倍的内容。一些新闻教育机构甚至也开始转型应对这种新媒体快速发展的变化。如 2010 年 8 月，美国科罗拉多大学就宣布停办传统的新闻学院，而由新型的信息传播与科技学院取而代之。

而世界范围内这种新媒体与传统媒体正在辞旧（媒体）迎新（媒体），新老冷热交替这种变化，似乎并没有引起国内传统媒体的足够重视。在网络、手机、微博等新媒体正在红红火火闹新春的春节长假期间，报刊等传统媒体则冷漠应对。在这种情况下看待新老媒体兴衰，其实，与其说是受众在逐渐抛弃、疏远传统媒体，倒不如说是传统媒体在一步步远离受众。从一定程度上说，传统媒体在新媒体风生水起的同时，之所以出现了“日子不好过”，很大一个原因在于传统媒体日子往往过得太好了，太舒适安逸了。正因为这种安逸和舒适而忘记了竞争对手的存在，也少了积极上进的心理和主动应对竞争的准备，最后才出现了《伶官传序》中所说的“忧劳可以兴国，逸豫可以亡身”那样，导致了传统媒体的式微。

从春节长假期间新老媒体的冷热表现来看，传统媒体若想挽救颓势，除了积极应对新媒体新技术的挑战，主动与新技术新媒体接轨外，尤为重要的是还需放下养尊处优的思维，认真向新媒体学一学勇于奋斗、创新与服务至上的精神。

纸媒的春天在哪里

接连看到纸媒停刊、破产的消息，甚至连全球最畅销的《读者文摘》和中华全国新闻工作者协会主办的《中华新闻报》也难逃厄运。为了“揭出病痛，引起疗救的注意”，我们不妨盘点一下2009年8月底至9月初一些媒体报道的关于这些纸媒的“讣告”。

2009年8月17日新华社发布了《美〈读者文摘〉拟申请破产保护》的消息：“美国《读者文摘》出版商《读者文摘》杂志社17日宣布，为进行结构重组和减轻债务负担，该杂志社计划在15天内为其美国业务申请破产保护。”

2009年8月21日，新浪网报道了《新闻集团拟停刊旗下伦敦免费晚报〈The London Paper〉》的消息：“北京时间8月21日凌晨消息，据国外媒体今日晚间报道，新闻集团旗下英国报业公司News International计划停刊免费晚报《The London Paper》，原因是这份晚报蒙受了近1300万英镑（约合1891万美元）的年度税前亏损。”

2009年8月27日，中国新闻网报道了《法国中文报纸〈欧洲日报〉永久停刊》的消息：“拥有二十七年历史的法国中文报纸《欧洲日报》二十六日发表公告，宣布自今年八月三十一日起停刊，惜别华人读者。该报人士在接受记者采访时表示，这次停刊是永久性的。”

2009年8月28日，《中国新闻出版报》报道了《〈中华新闻报〉发清算公告正式停办》的消息：“鉴于中华新闻报社经营不善，严重资不抵债，无法继续正常出版《中华新闻报》，经新闻出版总署新出审字〔2009〕319号文件批准，停办《中华新闻报》。”

2009年9月2日，网易新闻报道了《美杂志上半年发行量下降1.2%很多杂志被迫关闭》的消息：“美国发行量审计局（Audit Bureau of Circulations，ABC）统计数据显示，今年上半年美国杂志发行量下降1.2%，其中《TV Guide》和《花花公子》尤为明显，发行量分别下降10%和9.2%。”“广告收入和发行量的下降，迫使一些杂志关闭或破产，比如今年关闭的Conde Nast的《Portfolio》以及才申请破产的《读者文摘》。”

此外，2009年8月21日，《深圳商报》还报道了《美国报纸排队破产 4家报业巨头申请破产保护》的消息，称：“从去年12月开始，经营33家日报的4家美国报业巨头相继申请破产保护，凸显报业处境之艰难。”同时援引惠誉国际信用评级有限公司证券分析师迈克·西姆顿的说法，称“还有其他很多报纸到2010年年底可能停刊”。

短短半个月来，集中发布了这么多关于纸媒的噩耗，说明纸媒的确到了一个危急的关头。更值得忧虑的是，纸媒目前的境遇并不仅仅是经济危机造成的，因为毕竟还有很多纸媒以外的传统媒体和新媒体的形势是“沉舟侧畔千帆过”，甚至在经济危机的“乱世”里横空出世。况且经济危机的寒冬迟早会过去，但是纸媒的春天却未必再能回来。究其原因，新技术与新媒体的发展导致了媒体物种间的竞争生态发生了变化，新一代阅读人群的成长也导致了受众阅读习惯的改变。

在美国，《华盛顿邮报》等严肃报纸自20世纪90年代末以来发行量就一直处于下降的态势。2004年美国在线出版商协会进行的一项调查显示：“18岁到34岁的人，46%的人喜欢浏览互联网，35%的人喜欢看电视”，只有3%的人喜欢看报纸。2004年《华盛顿邮报》的一份关于年轻读者为什么不喜欢报纸的研究报告几乎让做纸媒的人瞠目结舌：“调查发现，一些参加研究活动的人甚至声称，《华盛顿邮报》即使免费，他们也不想订阅，因为他们不喜欢在房间里堆着一些旧报纸。”在日本这个传统的报业发行大国，纸媒的发行量更是自20世纪90年代初就开始下降。日本学者分析研究其中原因认为：“其中一个重要的原因是年轻人不再读书、看报。相反，在电车、地铁上，更多的人喜欢看手机。手机已将新闻信息、球赛战报以及趣闻逸事汇集在一起，随时发送。”资料显示，在日本年轻人正在逐渐远离报纸，“户主在24岁以下的住户中的报纸普及率，1984年为90.4%，1999年急落到53.4%，他们中间几乎半数的住户停止了订阅”。而户主在25岁到29岁之间的订阅情况也大致如此，自1989年订阅率逐年下降。

纸媒的衰落是我们很多人不愿意看到的，但是如今它却成了一个不争的事实。局部媒体的发行量和广告额的上升，无法代表纸媒的整体式微。在新的媒体竞争环境中，纸媒面对的最大问题倒不是经济危机之类的短期周期性问题，而是实实在在的因为新媒体竞争和人们阅读习惯的改变而导致的受众流失，这样的流失很可能是一去不复返的。在新的媒体竞争态势中，这样的流失也很难通过版面内容调整等微观层面的技术手段来挽回，这才是最致命的。在这种情况下，纸媒如何培养自己的新增长点，如何延缓这种几乎是必然的衰落，值得深刻研究。

自从电视出现以后，纸媒已经逐渐告别了独霸天下的历史，在与网络及手机等新媒体的竞争中，纸媒同样也面临着招架乏力的局面。关于纸媒的前途，有两种对立的说法，一种是消亡论，另一种是反消亡论。其实任何媒体都会有自己存在的空间，只是空间的或大或小问题。就像金石碑刻作为传播手段目前还有存在的价值一样，纸媒当然不会完全从人类的视线里消失。但是，空谈纸媒的消亡与否在当前纸媒还占据足够市场空间的情况下并没有多少现实意义，纸媒眼下最迫切的问题不是消亡，而是怎样在现有条件下求得生存与发展。

“什么东西是黑颜色加白颜色而且快要完蛋了呢?”美国电视主持人约翰·斯图尔特在脱口秀节目中给出的答案是：“报纸!”纸媒目前亟须杀出一条路来，不要让纸媒悲观论者的调侃过早变成现实。

南京媒体：在“战斗”中成长

“南京是报业重镇，许多报业竞争模式都出自南京；南京也是电视的舞台，培育出‘南京零距离’这样广告收入超亿元的栏目。”这样评价南京的两大主流媒体，的确不为过。从在南京的新闻院校求学，研读南京的媒体，到先后投身南京两大报业集团从事新闻工作，浸染呼吸着南京的媒体征战杀伐的硝烟空气，切身感受完全可以用一本书名来概括——痛并快乐着。

说“痛”是为南京媒体竞争“惨烈”而痛，当然也为媒体竞争中不得不牺牲媒体理想而导致媒体过于商业化、工业化操作，进而造成新闻产品的低俗化、琐碎化之痛；说“快乐”是因在南京这个城市你可以同时享受到3份同属于“世界报业500强”和“全国晚报都市类报纸竞争力20强”报纸的细致体贴服务。这在全国，也只有南京一座城市能这样了。甚至连广州也没有，因为广州虽然进入“世界报业500强”的报纸多达7个，但是进入“全国晚报都市类报纸竞争力20强”的却只有2个。除此之外，南京报纸的“物美价廉”也是国内闻名的。80个版面的报纸只卖2毛钱的超低价，价格甚至低到直接将其卖废纸都不亏本，这在全国同样是找不到第二座这样的城市。

如果硬说南京媒体究竟给全国媒体事业和产业创造了哪些经验，也不是没什么可数的。概括起来就是一句话，那就是南京媒体始终是在“战斗”中成长。细究起来有四点：一是竞争，二是创新，三是人才，四是渠道。

价格战、发行战、新闻战、广告战……南京媒体一直在“战斗”。可以说在这个只有600万人口，最多时期曾有14家都市和综合类报纸，分别属于当地和中央4家相互竞争的报业集团和媒体“大腕”的城市，报纸不竞争不“战斗”就只有等死出局。电视同样也有两家集团约20个频道在与包括中央和各地上星落地的境内外频道进行角逐。“战斗”的结果是一部分媒体在竞争中逐渐成长强大。故而，在一个经济并不领先全国的城市出现了3家“世界报业500强”和“全国晚报都市类报纸竞争力20强”报纸，也出现了年广告收入超过1亿元的电视栏目。同时，也出现了全国领先的报纸发行密度。据资料显示，新生代市场监测机构曾选取中国有代表性的20座大型城市，对15～64岁的居民进行了每日接触媒体状况的调查，结果显示：在南京报业市场竞争最激烈的1999年，20家城市报纸日平均到达率为71.7%，而日到达率最高的城市是南京，为85%；1999年和2000年两年平均报纸阅读率最高的5个城市中，南京又居首位，为83.6%。可以说，这些奇迹都是在媒体竞争的“打打杀杀”中创造的。

南京媒体的第二个特点是敢于创新、敢于尝试，甚至冒险。这在很大程度上也是市场竞争逼出来的。一毛钱一份，买一份送一份，订报纸送等价实物，订报纸免费喝牛奶，粮店、奶站、超市代办发行报纸，一报两投，买报刮奖，报里藏金……这些订报发行策略几乎都与南京的报业价格战和发行战有关。南京报业为了在激烈的竞争中立于不败之地，已经习惯于不停地在发行和新闻上“花样翻新”了。除了营销上的创新，改版、改版、再改版成了南京媒体在产品上不断出新、不断适应市场竞争的职业习惯和不变的主题。至于电视，民生新闻这个被称为中国电视第三次革命的新闻节目形态，从实践到概念都离不开南京电视业的贡献。此外，南京也是国内少数发行免费报纸的城市之一。

当然，南京媒体的不凡表现也离不开南京媒体人才和教育的智力支撑。在南京，拥有包括南京师范大学、南京大学两家新闻学院为主，以及众多其他新闻专业教育院系形成的一个仅次于北京、上海和武汉的全国第四大新闻人才教育培训网络和从本科到博士的完备新闻人才培训体系。在南京的一些新闻院系中，又特别注重培养学生的文科修养和实践经验。它们每年既为当地媒体输送大量新闻实践人才，同时，一些有过长期媒体实践经验的老师又在为当地的媒体提供着智囊支持。这种学界与媒体良好互动的合作局面，无疑对南京媒体的创新和发展起到不可忽视的作用。

南京媒体间的长期“征战”也孕育了南京庞大的发行市场。据不完全统计，南京有报刊亭540个、零售摊点1500多个，加上流动的售报点和部分奶站、超市等，有共近4000个报纸零售终端。这在渠道上支撑了南京报业的繁荣。

当然，南京的一些媒体在激烈的“战斗”中也付出了惨重代价，有的改头换面重新做“报”，有的却“战死疆场”从此告别南京报业市场。在被称为南京报业第二轮竞争的2000年和2001年，南京报业就付出了“打死一个、打跑一个、打垮两个”的惨重代价——南京报人戏称，两轮“血战”之后，报业大战的参与者被打死一个（《经济早报》停刊）、打垮一个（《服务导报》收缩，注：现也已停刊，刊号改作他用）、打跑两个（《江苏商报》《江南时报》转型）。这种有生有死、有胜有汰的局面，也许正是南京媒体市场充满活力、吐故纳新的表现。

如何挽救书店

在 2012 年“两会”期间，书店成了人们关注的热点话题。先是有微博称，作家张抗抗在提案中建议政府对实体书店进行大幅度减税；各地政府把实体店纳入公共文化服务系统；设立图书公益基金等类似性质的民间或半官方机构；制定相应的政策法规，对网络书店等的书价恶意竞争进行限价；等等。“新浪读书”频道还全文发布了张抗抗 2012 年“两会”提案的全文。

随后新华网发布消息称，新闻出版总署署长柳斌杰 2012 年 3 月 5 日在十一届全国人民代表大会第五次会议会场外告诉记者，2012 年年底前预计出台扶持民营书店发展的减税、减租政策。柳斌杰还表示，还要将国有书店的建设纳入城市规划建设之中，所有城市的繁华街道必须给书店预留位置，社区新建的地方都要留出书店经营的位置。

其实，在信息化和新媒体的冲击下，不光是实体书店告急。这些年与纸有关的媒体和纸媒运营机构都处在危机之中，且国内国外莫不如是。先是有报纸危机论和报社危机论，后又有图书危机论和出版社危机论。书店作为图书产业链的一个环节，自然也难逃厄运。

据全国工商联合会书业商会统计，10 年来全国有将近 50% 的民营实体书店倒闭。从 2007 年到 2009 年，中国共有 1 万多家书店停业。特别是近两三年来，国内一些大型民营实体书店相继关张。2010 年 1 月，全国最大的民营书店第三极书局停业；2011 年 6 月，拥有 16 年历史的民营学术书店风入松书店停业；2011 年 9 月，广州仅余的两家三联书店宣布关门，至此，在广州开业 16 年的三联书店已关闭所有分店；2011 年 10 月，号称拥有全国最大连锁渠道的民营连锁书店光合作用书房也关张歇业；2012 年春节前夕，成都时间简史书坊、上海万象书店也突然倒闭。

在国外，实体书店的命运也同样令人忧虑。2011 年 2 月，美国第二大连锁书店公司博德斯集团申请破产保护，并于7月18日宣布放弃破产收购，近600余家分店全部关门；2011年，美国第一大连锁书店巴诺书店继续缩减实体店数量，大约关闭8~12家分店。英国的独立书店正以每周至少一家的速度消失；著名的英国水石书店利润下滑严重。

在数字化、信息化的冲击下，不仅实体书店，连音像店也难逃厄运。据媒体报道，鼎盛时期曾占全国唱片销量1/5的江苏市场如今已经全面萎缩，过去动辄几万甚至几十万张的销售数字如今已锐减至不足千张，超过八成的音像店由于经营难以为继，不得不关门大吉。

与实体书店同病相怜的，还有纸质书业的萎缩。资料显示，2011年美国实体书市场萎缩9%。2010年，美国图书总销量为7.176亿册，同比下滑了4.5%。2009年，下滑幅度为3.3%。从近几年美国图书业的数据来看，实体图书市场下滑幅度呈加速增长趋势。

然而，与实体书市场不断萎缩相反，电子书市场却一路攀升。据媒体报道，继2010年7月全球最大的网上零售书商——亚马逊的电子书销售超出精装图书之后，仅仅6个月时间，随着平板电脑的普及，E-book的销量直线上升，亚马逊再次宣布，其网站Kindle电子书销量首次超过纸质图书！亚马逊发表声明透露，网站每销售100本纸质图书的同时还会售出105本电子书。美国2010年图书销量是近10年增长最快的一年。亚马逊创始人兼CEO杰夫·贝佐斯甚至不无自傲地表示："我们预想到这一结果会最终发生，但没想到它发生得这么快。"

与传统唱片和音像店萎缩形成鲜明对比的是，数字音乐则以惊人的速度成为音乐产业的主角。据了解，从2005年开始，彩铃、手机铃声等周边衍生品为音乐行业带来了日益丰厚的利润。以中国移动为例，在2009年的时候彩铃的盈利额就高达200亿元人民币左右。

传统书店、书业等纸质媒体萎缩的背后，是大量受众的流失。一份2009—2010年受众从传统媒体转向网络媒体的变化速度图片资料显示，网络媒体受众增长了17.1%，而报纸受众数量下降了3.4%，杂志数量则下降了8.9%。

在信息化、数字化和新媒体、新技术的冲击下，从报纸到图书再到书店，纸媒业的萎缩几乎是无法挽回的大趋势。尽管从读者、商家到官员和学者，各种各样挽救和扶持的呼声一直不断，但是不管力度如何，投入多大，最终都无法抗拒媒介发展的潮流，只不过是延缓这种萎缩而已。任何违背发展规律的做法，终究只是徒劳。

或许，如果换一种思路还会豁然开朗。从某种程度上说，实体书店的减少未必就是坏事。既然省时、省力的网络购物方式已经成为相当数量人的习惯，作为知识群体的读书人，多利用新技术带来的便利进行网上购书又何乐而不为。既然图书等纸质媒体是以浪费资源和牺牲环境为代价的信息传播方式，主动拥抱环保节约的电子阅读手段又何尝不好。既然国家扶持书店的财力很可能被僵化的国有书店钻了空子，只不过是利用体制赋予的地势、资产和政策等优势将本来依靠垄断教材发行的书店改成兼营图书教材的百货大楼而已，那么，在各个城市的繁华街道少给这样的“伪书店”预留一些位置也未尝不是好事。

从网络书店的经营主体来看，民营书店已经成为网上的主流。如果真心想扶持书店，不妨多扶持一下这些真正代表先进技术和书业经营发展方向的网上书店。

手机终将成为“第一媒体”

手机早已告别了它刚刚“出道”时的“青涩”。如果现在谁还认为手机仅仅是接打电话和发发短信的通信工具，那他多半是OUT（落伍）了。如今，你可以离开老婆或者丈夫、子女或者父母，或者别的亲人而独自生活，但是，如果你离开了手机，恐怕不出半天，你就会觉得浑身不自在，你就会觉得自己被世界抛弃了，你就会比失恋还要难受。

手机在不知不觉中，已经成为我们最亲密的伙伴。2012年的一项调查显示：77%的人每天开手机12小时以上，34%的人24小时开机。“如果去一个遥远的地方公干或度假，你最希望带上的是什么?”关于这个问题，超过60%的被调查者首选手机。65%的人表示，如果手机不在身边，会有些焦虑。

随着手机功能应用的不断开发，我们将会对手机的依赖和依恋感更加与日俱增。手机对我们的“控制力”也会越来越强大，甚至强大到我们难以抗拒，甚至让我们成为“手机控”，导致我们出现各种各样的“手机病”。很多人因为玩手机患上了“手机手”（拇指腱鞘炎）、短信脖（颈椎病）、近视眼和手机强迫症。甚至因为玩手机而不是利用手机来交往，导致了人际关系包括亲人关系的疏离，引起了“手机社会病”。

2012年10月15日，媒体就广泛传播了一则因为手机引发的令人哭笑不得的新闻——《家庭聚餐儿孙全在玩手机　老人怒而摔盘离席回房》。近日，市民张先生与弟弟、妹妹相约去爷爷家吃晚饭，饭桌上老人多次想和孙子、孙女说说话，但弟弟和妹妹吃饱后转身拿起手机继续玩游戏，张先生时不时地回复朋友的微博。老人受到冷落，说了一句“你们就和手机过吧”，一怒之下摔了盘子离席。张先生说，他切身体会到了网上流传很广的那句话：“世界上最遥远的距离莫过于我们坐在一起，你却在玩手机。”

与电脑相比，手机的便携性更强，亲和力更足，信息分享更加及时、迅捷、有效，与我们的关系也更加贴身、贴心。拿上网来说，手机既可以使用移动和联通的流量，也可以使用电信网络的 WiFi。手机无线网络的覆盖范围更是远远把传统电脑上网方式的有线网络抛在后面。虽然，一些笔记本电脑也可以无线上网，但是在使用无线网络的便利性和普及性上仍然和手机无法同日而语。再拿信息分享的迅捷程度来看，手机用户无时无处不在现场，其分享信息的便利和及时性超过任何一种媒体。

2012 年 7 月 19 日，中国互联网络信息中心（CNNIC）在发布的《第 30 次中国互联网络发展状况统计报告》显示，2012 年上半年，通过手机接入互联网的网民数量达到 3.88 亿，相比之下台式电脑为 3.80 亿，手机已成为我国网民的第一大上网终端。手机上网快速发展的同时，台式电脑这一传统上网终端的使用率在逐步下滑，中国网民互联网接入的方式呈现出全新格局。当前，智能手机功能越来越强大，移动上网应用出现创新热潮，手机价格不断走低。对于庞大的流动人口和农村人口来说，使用手机接入互联网是更为廉价和便捷的方式。这些因素都降低了移动智能终端的使用门槛，从而促成了普通手机用户向手机上网用户的转化。

与电脑相比，手机的娱乐功能也丝毫不逊色。而且，由于手机随时随地陪伴我们的便携性，手机陪伴我们娱乐的时间和便利也比电脑更胜一筹。撇开众多专为手机开发的游戏和音乐应用不讲，仅仅在视频应用方面，手机视频用户的增长速度也比电脑网络视频增长迅猛。《第 30 次中国互联网络发展状况统计报告》也显示，与整体网络视频用户规模的稳步增长相比，手机端视频用户的增长更为强劲，使用手机收看视频的用户已经超过 1 亿人，在手机网民中的占比由 2011 年年底的 22.5% 提升至 27.7%。在视频网站、运营商等多方的积极推动下，用户使用手机终端在线看视频的习惯正在逐步养成。

也许有人认为，电脑的网络资源积累时间更长，内容更丰富，而且储存容量更大。其实，决定媒介资源多少的主要原因不是时间，也不是存储容量，而是使用的普及程度。是媒介使用的普及驱动着内容的生产，是媒介使用人员的不断增加驱动着内容的增多，是“众人拾柴火焰高”的群体效应驱动着媒介内容的不断积累、生产和升级。任何媒介的使用普及都会驱动人力和财物的不断投入，导致创造、创新的热情高涨。而手机用户的增长速度与应用普及程度将带动手机内容生产和应用开发热度的空前升温。

随着手机的不断智能化，手机的应用功能已远不止于上网、游戏和拍照。如今，手机钱包、手机刷卡、手机定位、手机罗盘、手机导航及手机紫外线检测等新功能不断拓展。手机在一些商务场合已经成了具有银联支付功能的支付工具，在高铁火车站手机已经取代车票直接通过刷手机即可上车，在一些场合和网络应用中手机开始具有身份证一样的身份识别功能。

今后手机与我们会更贴心，手机应用也会更广泛，手机功能亦会更智能和人性化，手机成为第一媒体的时间也将指日可待。

第五章

大数据时代的受众

在大数据时代，公众被置于各种各样偷窥用户信息的“棱镜”之下，完全成了一个“透明人”。我们在“享用”网络、手机、电话、平板电脑等现代信息工具提供给我们的便利之时，其实也开始被各种收集网上信息的利益集团和个人“剥光衣服”在各种现代信息工具上“裸奔”。我们被各种各样“大数据”的使用者置于“棱镜”的聚光之下，在不知不觉中开始成为“皇帝新装”中那个自我感觉良好却“一丝不挂”的小丑。

大数据时代的公众隐私

据美国中央情报局前雇员爱德华·斯诺登披露的绝密计划显示，美国国家安全局有一项代号为“棱镜”的秘密项目，要求电信巨头威瑞森公司必须每天上交数百万用户的通话记录。不仅如此，在2013年以前6年间，美国国家安全局和联邦调查局通过进入微软、谷歌、苹果、雅虎等九大网络巨头的服务器，监控美国公民的电子邮件、聊天记录、视频及照片等秘密资料，提取其中的音频、视频、聊天记录、照片、邮件、文档以及联系方式等信息，以便分析人员追踪个人动态及其整个联系圈子。有资料显示，美国设在犹他州的“棱镜”服务器的容量足以储存未来100年整个人类的电子信息。

“棱镜”计划披露以后，涉及用户网上信息安全的事件继续在媒体上发酵。美国彭博新闻社2013年6月15日援引消息人士说法称，上千家科技、金融和制造业公司正与美国国家安全部门紧密合作，向其提供敏感信息，同时获得机密情报。这些项目的参与者被称作“可信合作伙伴”，范围远超“棱镜”计划。彭博社指出在一些情况下，政府部门收集的信息不仅用于国家安全，也用于入侵敌对国家的计算机。社交网站“脸谱”（Facebook）同日也宣称，2012年下半年收到来自美政府部门的9000~1万次对用户数据的请求，锁定账号达1.8万~1.9万个。

在大数据时代，公众被置于各种各样的偷窥用户信息的“棱镜”之下，完全成了一个“透明人”。我们在“享用”网络、手机、电话、平板电脑等现代信息工具提供给我们的便利之时，其实也开始被各种收集网上信息的利益集团和个人“剥光衣服”在各种现代信息工具上“裸奔”。我们被各种各样的“大数据”使用者置于“棱镜”的聚光之下，在不知不觉中开始成为“皇帝新装”中那个自我感觉良好却“一丝不挂”的小丑。

有研究者在对当前个人网络信息安全表示担忧的文章中这样写道：

“当你在使用电子邮件、社交网络的时候，你大概也会知道你的信息正在被记录下来，你发表的言论或者分享的照片、视频等都决定着互联网运营商即将向你推荐什么样的资源和广告；当你拿着 iPhone 满世界跑的时候，苹果公司早已通过定位系统把你的全部信息搜罗到自己的数据库里，利用这些信息来构建地图和交通信息等；当你在享受着视频监控带来的安全感的同时，别忘了你也是被监控的一份子，你的一举一动都会暴露在镜头下面；当你用手机打电话时，运营商不仅知道你打给谁，打了多久，还知道你是在哪里进行的通话。”

事实上，我们存储在电脑、手机中的银行账户、密码、私密照片和文件，只要一上互联网，都有可能成为一些机构和个人偷窥、研究的对象。至于你没有因此造成隐私泄露或其他损失，不是你网络安全措施怎么好，杀毒软件怎么新，密码设置多么复杂，也不是你运气多么好，而是信息收集者或者偷窥者对你不感兴趣或者不值得也没必要偷窥。其实，在互联网上，每一个人都像是夏夜开着窗户的裸睡者，都有可能轻而易举地成为被偷窥的对象。

诸如此类我们习以为常却隐私全无的事情，并不是危人耸听。有报道称，一个有经验的情报分析人员通过 4 个手机位置定位，就能确定一个人的职业身份。而如今，我们不论使用微博、微信等各种社交媒体，还是使用手机、平板电脑商城中的地图、购物、交通出行工具，甚至外语学习、电子阅读等软件，需要收集用户所在位置地理信息的比比皆是。这些或公开或暗中收集用户位置信息、使用和消费习惯的行为，其实已经给用户的信息安全，乃至人身财产安全造成了一定隐患。略有情报分析头脑的人员，完全可以根据你使用某种网上工具的时间、地点、习惯和频率等数据，判定你生活、工作和居住地等信息，甚至你何时离家、何时离开工作单位、你的收入情况等都可以有一个大致的推断。

如今通过网购、快递等泄露个人住址等隐私而受到侵害的事例已经不止一起。如 2011 年厦门一女白领因网购乱丢包装，泄露地址、姓名等隐私被歹徒假冒快递员入室抢劫并杀害；2012 年住在北京朝阳区的一名来自河南郑州的女歌手也因为经常网上购物被熟知其个人信息的快递公司快递员杀害。虽然，目前因为网络运营商获取并泄露个人隐私而导致他人人身安全危害的事例并未见报道，但是并不意味着此类事件并没有发生，或者并不会发生。只不过是还没有浮出水面，或者只是时间问题。

其实，网上、手机等信息工具上被各种利益集团和个人收集的个人信息并不仅仅涉及被收集人的人身和财产安全，其严重性也并不仅仅止于此。而是涉及人们最基本的一项权利——隐私权。它是一个人依法应该享有的私人生活安宁与私人信息秘密不被他人非法侵扰、知悉、收集、利用和公开的一种人格权利。尊重他人的隐私权既是尊重他人人格尊严的一种表现，也是一个法治社会尊重他人自由，尊重社会秩序、良俗和社会文明进步的基本体现。

在“大数据”成为政府、企业、科研单位相关人员的口头时髦用语，成为各种利益群体的掘金工具，成为某些以个人隐私谋利者口中的“唐僧肉”的情况下，各种利用“大数据”的利益驱动，无疑给各种收集、挖掘个人信息的行为装上了强大的引擎，插上了无形的翅膀。这使得个人隐私很容易失去最后的屏障。如果不从法律制度和职业伦理双重角度去构建保护个人网上隐私的防线，任由各种利益集团和个人无限制地挖掘和疯抢，乃至不断转手倒卖，那么我们每一个人都将丢掉我们最后的一块“遮羞布”。我们将重新回到蒙昧时期的“丛林”，再一次“重新部落化”，成为原始人。也许这样的“重新原始化”是提出信息时代人类社会成为“地球村”和“重新部落化”概念的传播学者麦克卢汉也没有想到的。

隐私作为“甜点”的背后

人类窥视的欲望与生俱来，且与人类社会一样古老。在大众传播媒介诞生之前，满足窥视欲望的隐私传播就已经早早上路了。现代媒介的出现只不过是为满足人类古老的欲望提供了便利，给隐私的传播插上了翅膀而已。

我们都曾在生活中习惯性地谴责“狗仔队”的猖狂无德，可是当真正装有明星“猛料”的包袱被抖搂出来的时候，我们又无不习惯性地放大瞳孔。毕竟，平静的生活渴望窥视的佐料，在重复与竞争中疲惫的媒体也离不开隐私的滋补。于是，沙滩上的“艳照”，夜店里的“湿吻”，电脑中的“偷欢画面”……各种明星绯闻、隐私不断给媒体和观众带来兴奋的焦点。在媒体隐私热点的不断更新与绯闻主角的“斗”转“星”移中，我们如此热衷于窥视，成了他人隐私的“瘾君子”，这些似乎已经被视为理所当然，没有思考的闲暇。以致我们只有借助弗洛伊德才能进行思想上的追索。

按照弗洛伊德的说法，人们对别人隐私的窥探欲，来自童年，来自对自己身世和来历的好奇心。弗洛伊德把人的好奇心的表现和“窥视”的欲望当作性本能的一种，它起源于性的“窥视冲动”。这种性的“窥视冲动”在精神分析术语中也被称为“窥淫癖”。弗洛伊德把人的原始本能分为对立的两种：一种是生的本能，即性的本能，爱的本能；另一种是死的本能，即攻击的本能。按照相关研究“窥淫和窥视这两种本能都是紧密联系在一起的。首先，窥淫来自人的性快感，即通过偷窥的方式看到他人隐秘的时候能够给人带来巨大的心理满足和快乐；其次，这种窥视在正常的人类社会中是不合法也不合理的，它违背社会规范，也违背伦理道德，所以必须偷偷地进行，这背后隐含着社会压抑的影子”。而按照“挫折—侵犯理论”“有压抑，就随之有反抗压抑的人的‘攻击本能’”“欲望的被禁并不等于消失，它们被压在潜意识之中，变本加厉地寻找出路，窥视的禁忌越多，偷窥的欲望便越强”。简单地说，隐私热的背后有我们贪婪的好奇心作祟，其深层根源是我们被社会道德与禁忌长期压抑的性本能或“力比多”带来的原始冲动。

既然这种性本能被弗洛伊德看作是“人的一切行为活动的根本源泉”，那么，大家都热衷于窥视别人隐私的嗜好也就不足为奇了。因此，甚至有学者认为，“影视艺术作品正是以一种合理合法的方式来满足观众这种窥视癖或观淫癖”，同时通过这种观看也使“潜藏在观众深层心理中的无意识得到宣泄和升华”。

然而，隐私热背后除了人类性本能“力比多”带来的巨大驱动力外，恐怕还有更深层、更基础层面的原因，那就是商业利益——“‘币’比多”带来的更现实、更直接的冲击力。毕竟，按照唯物的观点，经济的动力是一切动力的基础。也只有经济的驱动，媒介对隐私的生产才能成为“文化产业”，“狗仔队”也才能通过社会分工成为一个有利可图的职业。一个明显的例子是，1992 年，意大利记者安吉利在偷拍英国莎拉王妃与美国富商布莱恩在海滨浴场幽会的“鸳鸯戏水图”时，“专门花巨资买了长焦镜头，租了一辆摩托快艇和一架直升机”，还“扛着器材爬行了两公里才潜进布莱恩的别墅，在距离五百码的地方守株待兔两天”。其“敬业精神”与“新闻敏感”不知比专业记者强多少倍。只不过，安吉利关心的不是新闻事业，而是背后的巨额利润。他把偷拍的“艳照”足足卖了 56 万英镑。2009 年年初媒体疯传的章子怡“艳照门”事件，同样也为偷拍者带来了巨大利润回报。仅购下日本、中国台湾、韩国及美国四地的三个月独家版权，某“神秘人”就花了“天文数字”。而已经刊登的媒体自然也从中赚足了人气。看来，“‘币’比多”才是隐私热最大的驱动力。

在“‘币’比多”的驱动下，为了满足人们的“窥视癖”本能，商家甚至可以在没有隐私的情况下精心制造隐私。比如，商家会让着装性感暴露的模特现场促销，利用人们的偷窥心理，在吸引注意、宣传产品的同时，制造了可供偷窥的对象。再如，影视制作者为了提高票房和收视率，会在影视中增加两性关系等可供窥视的场景，“而不问它是否与叙事有关”。还有一些担心过气或者已经过气的明星会通过主动奉献隐私、制造绯闻来满足人们的“窥视癖”，从而引起注意，提升人气。

心理学家说：“只要人格还没有成熟，人们就还会热衷于窥探别人的隐私；只要还有欲望被深深压抑的人，就会有人挖空心思地揭露别人的隐私，借着别人的隐私，宣泄自身的欲望；只要人性还存在缺陷，窥探隐私的喜好，就永远不会结束。”其实，从经济学角度来看不妨这样表述：只要隐私能够成为商品，能够带来巨大利润回报，隐私这道“甜点”注定还会花样不断翻新，越来越符合窥视消费者的口味，而将隐私作为“甜点”的产业就不会关门倒闭。

《爸爸去哪儿》能走多远

在《中国好声音》《中国最强音》《我是歌手》《快乐男声》等歌唱选秀类节目同质竞争，同时也在新闻出版广电总局发布“限歌令”，对各地雷同、奢华的歌唱选秀类节目进行限制的背景下，各地广电机构都不愿意放手最有“吸金”魔力的娱乐节目这块蛋糕。面对前有总局“限歌令”的堵截，后有擅长模仿跟风的各地同行围追的前后夹击局面，如何找到娱乐节目的新突破口成了各地电视台必须迫切做好的功课。否则，大家都一哄而上往歌唱选秀类节目这条已经显得陈旧乏力的“破船”上挤，最后只能同归于尽、一起沉没。

可以说一直以娱乐节目擅长的湖南卫视此次推出《爸爸去哪儿》既是面对当前歌唱选秀类电视娱乐节目艰难形势的主动突围之举，也是被当前国内娱乐节目制作恶性竞争的生态环境逼出来的无奈之举。

《爸爸去哪儿》节目版权和模式购自韩国 MBC 电视台的《爸爸！我们去哪儿?》。虽然仍然没能逃出国内娱乐电视节目模仿引进欧美日韩成熟电视节目然后加以改造的老路，但是明星、亲子互动，加真人秀和富有地域特色的户外体验等众多收视元素，仍然让已经看惯、看腻了众多歌唱选秀、婚恋交友节目的观众耳目一新。

据央视索福瑞媒介收视率调查显示，2013 年 10 月 11 日开播的湖南卫视亲子互动节目《爸爸去哪儿》首播当天，全国网收视率 1. 1，收视份额 7. 67；城市网收视率 1. 46，收视份额 6. 45。其在同期推出的卫视周五晚综艺节目中力压同时段其他综艺节目，获得第一。同时，湖南卫视决定将该期节目重播 8 次，创下了湖南卫视非戏剧类节目重播次数之最。不仅如此，在第一集开播时，几乎创下了零负面的收视评价，被称为在中国综艺类电视节目上的一次“开天辟地”之举。

据新华社新媒体中心联合数托邦创意分析工作室抓取的新浪微博上提

及“爸爸去哪儿”的45.5万条原创微博，并对其中的36.7万条独立原发作者用户、1300余万条用户微博及近1亿的关注进行的大数据分析结果显示：《爸爸去哪儿》是名副其实的“口碑王”。通过与各节目同时提及的正负面词汇进行统计，《爸爸去哪儿》虽未完全达到“零差评”，但仍创造了高达89%的美誉度，超过《中国好声音》《非诚勿扰》以及湖南卫视的《快乐男声》《快乐大本营》和《天天向上》等。

《爸爸去哪儿》能够“一炮打响”，刚一播出就收到如此好的收视效果，除了湖南卫视作为全国娱乐节目“大本营”的自身“平台”优势，以及该台不惜重播8次，不计成本大造声势外，节目的走红也与其迎合了受众收视心理、充分开发利用娱乐节目收视元素等因素有关。

首先，节目打出亲子互动的亲情牌，利用了人类关爱、疼爱，甚至不惜溺爱子女、重视亲情的心理。美国一名研究心理动机的学者施塔奇在研究人的动机强度时，共对人类的44种各种不同的动机进行需求强度排序，结果对子女的爱排在仅次于食欲之后的第二位，而把健康和异性之间的吸引排在对子女的爱之后居人类需求动机强度的第三和第四位。可见，《爸爸去哪儿》打出的亲子互动牌，正是迎合了人类最重要的爱子女的心理动机。

其次，节目打出了明星牌，利用了受众热衷于追星和窥视明星生活的心理。明星几乎是各类综艺节目同行的宝典，任何娱乐节目只要肯花钱请来当红的明星，几乎都会受到追捧。从社交类媒体上当红明星的粉丝一直遥遥领先也可以看出当下民众对明星的钟爱热度。笔者为了研究受众为什么热衷《爸爸去哪儿》，专门在微博上对受众的收视心理做了一个简单调查。截至本文写作时，共有95人参与调查，对于“您为什么喜欢看《爸爸去哪儿》”的问题，回答“喜欢里面明星”和“可以看到明星生活中的一面”的占到27.4%。这还不算有43.2%的人选择包括“喜欢里面明星”在内的“各种因素都有”选项。

此外，《爸爸去哪儿》选择一些有特色的户外场所作为外景地，并融入真人秀元素也在一定程度上增加了收视效果，拉高了收视率。

当然，从另外一个角度来看，《爸爸去哪儿》能够走红，还与当前电视节目相互模仿，同类节目扎堆雷同，国内娱乐节目缺少创新，导致能看的电视节目太少也有很大关系。

《爸爸去哪儿》是“火”了一把，但是从节目的长远发展来看，该节目仍然没能走出引进模仿国外节目，以及主要依靠明星支撑收视率，缺少原创队伍和创新能力的老路。在国内娱乐节目“一直在模仿，从来不创造”，只要有能“火”的节目就马上扎堆克隆、一哄而上的情况下，《爸爸去哪儿》的生命周期能有多长，究竟能“火”多久，能走多远，仍然让人不无忧虑。

成人制造与观看下的儿童选秀节目

“5 岁的小女孩身穿比基尼、肩披薄纱巾，只见她一边打着手势将小脸蛋半遮半掩，一边不停地扭动着腰身，时而还抛出一个个媚眼，浑然一副成熟的小女人模样……”这是国内儿童选秀节目中的典型画面。和其他娱乐节目走的“克隆”路线一样，国内儿童选秀既是成人选秀节目“产业链延伸”的结果，也是欧美畅销节目“舶来”的结果。

在美国，儿童选美已经成为一个价值 50 亿美元的产业。一篇名为《穿高跟鞋的小孩》的短文这样描述美国的儿童选美热潮：“所有的父母都认为他们的小孩是全世界最漂亮的，但有些父母希望全世界都赞同这点。他们让自己的孩子穿上迷你礼服，送他们上舞台，在完全陌生的人面前展示他们自己。这些陌生人根据他们的姿态、才艺和外表来替他们打分。赢的人可以把现金和奖品带回家，输的人则心碎神伤。”

在收视率、利益冲动和造星神话“三驾马车”的综合驱动下，各种儿童选美造星运动日渐受到主办单位、电视播出机构和家长们的多方热情追捧。在一些儿童选秀活动中，一些家长甚至采取私下找评委留电话、请吃饭、送礼等非正常手段对关键人物进行攻关，来帮助年幼的儿女“实现梦想”。

儿童选秀节目在一定程度上是父母“以有点怪异的全新方式炫耀他们的小孩”的结果。父母热心让孩子参加选秀节目虽然有给孩子提供锻炼机会、增长才智见识或者培养兴趣等初衷，但是，他们这种做法的背后也有一定程度上是在重温自己年轻时没有实现的人生梦想或者拿孩子作为自己炫耀资本的成分。殊不知，父母这种从自身愿望出发的做法会给身心尚未发育健全的孩子带来心智上的长远伤害。正如一些批评家所指责的那样，“让刚学会走路的小孩子暴露在选美的压力下很不好，这显示出我们的社会有问题”。而且这种做法也会给孩子带来一种世界观的误导，那就是外表长相是一种胜过内在的资本，漂亮才是成功的法宝。就像心理学教授玛希雅·萨莫斯说的那样："这些比赛给孩子们一种认知，让他们觉得外表漂亮是迈向成功的唯一选择。"而事实上"有些小孩会长成漂亮的成人，但有些不会。我们不可能全都长得很漂亮"。有关专家认为，这种强加在儿童身上"必须长得漂亮的压力是孩童饮食失调和忧郁症的主要原因之一"。

国内一位心理咨询专家也对父母让孩子参加选秀能够"练胆"的想法提出了质疑，认为儿童选秀有时不仅不能起到锻炼幼儿的胆量、增长幼儿见闻的目的，而且还可能事与愿违、适得其反。"家长执意让性格太内向的孩子参加选秀，不但起不到锻炼胆量的作用，反而会加重他们对陌生环境的恐惧感。……还有些孩子无法正确面对失败的结果，这会影响到他们今后自信心的树立。"不仅如此，儿童选秀节目也在一定程度上助长了儿童一夜成名的惰性心理，使儿童"从小就争夺名利，爱慕虚荣，喜欢'众星捧月'的感觉"。更严重的是如果整个社会形成一种风气"将明星和舞台作为一种重要的社会价值取向，就容易丧失普通人的责任感，丢失多数人对社会的担当"。

一些少儿选秀节目在收视率和利益的驱使下，为了投成年人所好，满足成年人的窥视欲，按照成年人的口味与收视习惯将儿童包装成供成年人"观看"的对象，使儿童成为成人的娱乐工具和观赏工具。由于儿童只是一个具有食品饮料等少数商品的购买建议权群体，而不是成人那样具有广泛购买决策权和经济支付能力的实力派群体，一些电视制播与广告赞助机构在收视率就是广告效果和经济收益的工具性逻辑驱使下，极尽其所能地将本来是一个供儿童收看的节目包装成"老少咸宜"，以成人为主的节目。成人们看、儿童们供人看成了少儿选秀节目的生产逻辑。一些儿童选秀节目甚至为了迎合成年人的口味还在一定程度上出现了低俗化现象。

异化的儿童选秀节目还容易影响儿童的"信息环境化"与社会化。一些儿童选秀节目中错位的价值观、审美观、趣味观和世界观很容易导致儿童把这样的"虚拟环境"当作现实，进而影响儿童对社会的认知与社会化。而且有关研究显示："儿童年龄越低，其个人直接经验越少，距离讯息越远，因此，他们比成人更依赖媒介，媒介提供的观念和行为规范对他们的影响更大”。美国一位儿童与电视研究者通过文献分析还证实了这样的结论：“儿童对电视节目比较逆来顺受，很少批评”。

网上有一篇《大人们的儿童选秀》帖子可以代表人们对于此类节目的忧虑与反感：“为什么有这么多的儿童选秀？/就算是有，为什么这些选秀是以大人为标准/一个个小朋友在台上穿着入时性感的衣服/个个打扮得花枝招展/唱着一首首肉麻的情歌/抬臂扭腰//这些/是那些天真无邪的儿童吗/没人敢说是//看着这些节目真的很别扭/很恶心。”更有人直言这种选秀节目“是对儿童心理的摧残!”“是对儿童心理的一种扭曲”，是“大人的游戏，虚荣心的满足而已!”

非诚勿扰类约会节目的 SWOT 分析

以《我们约会吧》和《非诚勿扰》为代表的约会类节目如今正风起云涌，一时红遍大江南北。2010 年上半年有报道称后来居上的江苏卫视的《非诚勿扰》已经远超湖南卫视的《我们约会吧》，全国平均收视率已经“奔三”，达到了 2.6% ~2.8%，接近湖南卫视同类节目的 2 倍。这个收视率在各类电视娱乐节目遍地开花的情况下已经是一个不小的成绩了。

人在上升时期往往很难看到周围潜伏的危机，对于电视节目，制片方也可能出现同样的问题。在企业的战略管理中有一种很常见的企业竞争态势分析方法，即 SWOT 分析法，也称强弱机危综合分析法。其中，S 代表 strength（优势），W 代表 weakness（弱势），O 代表 opportunity（机会），T 代表 threat（威胁）。我们不妨以江苏卫视的《非诚勿扰》为代表来分析一下目前此类约会节目的“强弱机危”——优势、弱势、机会和危机。

第一，优势。约会类节目找到了人类永恒的兴奋点——爱情，这是导致此类节目受到广泛关注并被争相模仿、制作、播出的重要原因之一。众多靓丽带有表演欲的女嘉宾和每期都会出现至少一两个的俊男、帅哥满足了观众的审美和窥视心理。而男女嘉宾唇枪舌剑，特别是众多女嘉宾对数量上远处于弱视的男嘉宾刻薄尖辣的品头论足，加上一些女嘉宾直白露骨的拜金欲望与现实势利，甚至市侩的表白，也满足了人们的“审丑”需求。短短数分钟内让一个个精心准备、满怀信心、踌躇满志的男嘉宾在女嘉宾、主持人、现场情感心理专家的轮番考问下，变得铩羽而归，落荒而逃。这种戏剧化的冲突满足了人们释放现实中遇到压力的娱乐需求。作为此类约会节目的收视率老大，《非诚勿扰》还具备了人气领先上的优势。

第二，弱势。中国人做电视娱乐类的节目普遍存在创新能力不足、模仿依赖心理较强的弱点。早期娱乐节目的模仿套路通常是先欧美原创，后日韩模仿，接下来的模仿链是港台模仿日韩，大陆再模仿港台，最后是内地电视台之间相互模仿直至一哄而上，导致同质化竞争，观众乏味，兴趣不再，直至节目消亡。如今电视节目靠模仿、克隆起家的风气并没有减弱，唯一不同的是模仿链有所缩短而已，制片人把原来的逐级模仿改为直接模仿、直接克隆或曰“引进”欧美成熟的电视节目。现在热播的《我们约会吧》和《非诚勿扰》均称自己的节目版权或创意来自国外，而且两家节目因为存在较大的相似性，为此还将侵权剽窃的官司打到了广电总局。这种创新能力上的不足对此节目的成长发展与生命周期的延长来说将是致命的。

第三，机会。对此类节目的成长机会来说，简而言之是要扬长避短。即如何发挥观众对此类爱情类主题和人们真实情感的关注优势，如何避免创新能力不足的弱点，避免电视台之间同质竞争、一哄而上以及节目导向风险和欺骗造假等威胁。当然，从宏观体制上来讲，此类节目的成长还有一个机会值得抓住，那就是国家对娱乐类电视节目制作权的放开。这为进一步引进传统电视制作渠道以外的民资和民智，为节目在创新能力和实力上的增强提供了机遇。

第四，威胁。此类节目的第一个威胁来自同行之间的同质化竞争。国内节目相互克隆模仿一哄而上导致市场蛋糕被无限制切分，利益被不断摊薄，直至受众审美疲劳，此是该类节目的最大威胁。10 年前湖南台的《玫瑰之约》走红的时候，国内模仿克隆的同类节目一度超过 30 个，最终导致此类节目一度销声匿迹就是一个例证。如今《我们约会吧》和《非诚勿扰》节目走红后又出现了火爆的电视约会热，刮起了电视约会风。除了上述两个台的约会节目每周热播三期外，《爱情来敲门》《相亲才会赢》等约会家族的“兄弟姐妹”已经在一些台争相登场了。这很可能再次重蹈 10 年前婚恋交友节目的覆辙。

此类节目的第二个风险来自节目自身对伦理、导向的把握。从已经播出的节目来看，目前此类节目已经在一定程度上出现了品位低俗和有违社会伦理的问题。节目中不管是女嘉宾还是主持人、情感心理专家都存在较为鲜明的拜金心理以及对弱者缺少同情的心理。一些处于弱势、收入低、长相一般的男嘉宾，其经济能力、容貌、职业、社会地位等无不成为节目调侃的对象。一些节目中明显表现出了嫌贫爱富、轻视普通劳动阶层的不良倾向。如有的女嘉宾明确表示“我更喜欢在宝马里哭”，有的点评人毫不留情地质问男嘉宾靠微薄的工资多少年才能给女嘉宾买起宝马。一些节目中还表现了有违社会伦理的不良现象。如节目中一个富二代宣扬“我交过的女友大致有七八个”，而女嘉宾则炫耀“七八个是我的零头”。这些带有不良社会导向的问题如果处理不好很可能会因为触动管理部门的红线而导致停播。

此类约会节目还有一个不可忽视的风险就是观众对节目中男女嘉宾人物身份造假的不满。在江苏卫视的《非诚勿扰》节目中，一些长相靓丽、语言富有个性、戏剧冲突效果较为明显的男女嘉宾如今已经受到观众指责或者为其他媒体公开曝光存在身份造假和作秀行为。这种造假行为，不论对那些真心到节目中寻找约会对象的参与者来说，还是对拿此类节目当真实事件、真情投入的电视机前的观众来说都是致命的伤害。这个问题处理不好很可能导致此类节目为参与者和观众所双双抛弃。

群现象、群心理与群功能

如今，越来越多的人开始成为“群”众，网络生活也越来越离不开“群”。早在2009年，在腾讯QQ群的主页上就显示“目前已经有超过5000万个QQ群”。对于QQ群，腾讯的定位是：“优质社会网络，无限拓展好友；高效即时聊天，在线群聚互动；实用群体空间，时刻分享精彩。”除了腾讯的QQ群，开心网、MSN、雅虎通等都开发了自己的“群”功能。其中，以QQ群的数量最多、功能更完备、也更具代表性。

在“成群结队”心理的驱动下，笔者也不知不觉加入或创建了10多个“群”。有用来与下属单位联系的工作交流群，有单位内部同事间用来交流的内部群，有学校校友同学间交流的研究生群，还有与职业和爱好相关的职业、爱好交流群，等等。QQ群涵盖了工作、学习、爱好和交友等多个方面。当然，在网络的大千世界里，群的功能分类要比我等现实中使用的更加精彩纷呈。在腾讯QQ群的分类里除了有“美女”“股票”“车友”“老乡会”这样大众类的娱乐交友群，还有“寻仙”“搞笑”“小沈阳”“地下城与勇士”这样小众类的“群”。在两性交友类群中既有像“重庆邂逅”“广州K歌，野炊聚会群”“大连单身俱乐部”“阳光美女群”等名称比较明朗的群，也有“猎艳红唇（会所）”“非一般‘姓’组织”“××装神弄鬼总群”“酒醉醚醨激情绽放”等名称比较隐晦的群，甚至还有“一个美女一个傻逼”之类名称低俗的“群”。

物以类聚，人以群分。无论是虚拟还是现实生活中，我们谁都很难游离于“群体”之外。美国学者戴维·迈尔斯认为：“我们几乎无时无刻不生活在群体中。我们的社会不仅仅由64亿个体组成，它同时包括了200多个国家和地区、400万个地方性社区、2000万个经济组织，以及几亿个其他正式或非正式的群体，比如约会中的恋人、家庭、教堂、正在交谈的同室好友等。”高度互动性网络媒体的出现和现实中人们生活空间在地理上的分割使人们更加容易地与各种具有相同目的和兴趣的人集结成群。然而，这些建立在各种虚拟空间中的真实群体的出现，增加了我们情感的交流，便利了我们信息的互动，也给人类这种社会群居的动物增加了相互依赖从而使其获得更多的生存安全感和更好的发展机会。“在群体中，奔跑者会跑得更快，观众会笑得更大声，捐赠者会更加慷慨”，这些都是群体包括网络群体带给我们的正面功能。然而，“群”可能给个体、群体和社会带来的负面功能也同样不可忽视。

我们所说的“群”的负面功能不是简单地指“群”有可能为别有居心的人用作欺骗、假冒伪劣营销、色情招徕等非法活动的工具，而是指在正常使用的情况下，由于我们在个性特征和认知水平等心理上的缺点而导致的负面效应。戴维·迈尔斯在他的《社会心理学》中，就专门从心理学的角度给我们分析了“群”可能给我们带来的负面功能。

其一，社会懈怠，即个人在群体中会减少努力。研究显示，当个人的努力无法被单独评价时，群体往往不会出现“团结就是力量”的情形，反而会导致社会懈怠。大约在一个世纪前，法国工程师林格曼就发现，“在团体拔河中集体所付出的努力仅有所有个人单独努力之总和的一半”。这样的群体懈怠现象同样出现在社会生活中。在苏联，集体农场里的农民，其“私有土地只占全部耕种面积的1%，但其产出却占全苏维埃农场产出的27%”。也就是说，由99%的群体耕种的土地，只完成了剩余73%的产出。这一点也被中国的农村“大包干”所证实。这种个人在群体中的懈怠也同样会在一些需要合作的虚拟工作群体中出现。

其二，去个体化，即个人在群体中会失去自我感。群体的匿名性很容易使个体失去自我约束，群体的压力也容易导致个体失去自我。“在某些群体情境中，人们更可能抛弃道德约束，以至于忘却了个人的身份，而顺从于群体规范”，从而变得“去个体化”。网络本身的匿名性则加重了网络群体中的“去个体化”。网络聊天室的匿名性“使其中敌对而激烈的行为比面对面交谈要多得多”。

其三，群体极化，即群体会强化成员的观点和行为。群体往往会导致冒险者更加冒险、顽固者更加顽固、乐于助人者更加乐善好施。怀特的研究显示，网络聊天室等互动工具“提供了一种便利条件，使相同目的的人集结起来，令分散的敌意更加明确，也能够动员致命的武装力量”。这种“极化”现象可以从一些聊天交流群中成员的偏激、极端言辞和思想中找到佐证。

其四，群体思维，即群体可能阻碍好的决策。在群体决策中容易出现“群体思维”现象，即人们为了维护群体的和睦而压制不同意见。“在群体工作中，同志式的友情可以提高生产力。而且，团队精神可以鼓舞士气。但是在决策时，紧密团结的群体可能反而不利。”

如今，QQ 群等网络互动交流群除了用于个人的日常信息和情感交流外，已经被越来越多地运用到工作、社会生活和政治思想交流中，成了集体决策、分工合作乃至政治参与的工具。在这种情况下，我们应该设法发挥好“群”的正面功能，避免其负面功能，让建立在虚拟空间里的“群”更加灿烂地照亮我们的生活、工作和未来。

网络开心族的“开心病”

“7小时前我被刘鸿梅派去黑煤窑挖煤，打工3小时”“2天前我被诺诺派去挑大粪，打工10小时”“我的手指被潘晓洁轻轻地咬了一口，体力下降20、人缘上升25”……一位刚登录“开心网”的朋友对我网页上自动记录的评价是“什么乱七八糟的!”可是，他没注册多久，就开始忙于“咬人”“争车位”“贴条”“买卖朋友”而不能自已。

“开心网”的出现再次印证了麦克卢汉关于“地球村”的天才断言。这位“措辞不是让人震惊就是令人困惑”“学术态度玄妙”“观点具有‘神谕’”性质的学术鬼才认为每一种新媒介的产生“都开创了人类感知和认识世界的方式”，“也改变了人与人之间的关系，并创造出新的社会行为类型”。他据此把社会发展区分为“部落社会”（口语传播时代）、“脱部落社会”（文字传播时代）和“重新部落化”的“地球村”（电子传播时代）三种形态。

“开心网”的及时互动与高度仿真性使网络中的人际关系比起麦克卢汉40年前预言的“地球村”更加紧密。人们之间的距离在这样的网络游戏互动中几乎完全消失。人们不是生活在“部落”或“村落”里，简直就是生活在一个玻璃透明的“地球房”里，甚至可以有虚拟、暧昧的各种“肌肤之亲”。

你可以通过“动他一下”组件来和任何一个哪怕远在天边的人“拥抱”“依偎”，可以“摸一下”“捏一下”她（他），还可以向她（他）“抛媚眼”和“飞吻”。也可以通过“咬人”来“咬”你喜欢或讨厌，或者仅仅为了自己晋级而需要“咬”的人。你可以为了“挣钱”添置“家具”而把异性“抢”到你的“房间”里“休息”并“削苹果给他（她）吃”。你可以向任何一个朋友赠送包括“内裤”在内的各种“礼物”或者用“姓名缘分”软件测试你与异性或同性朋友的“缘分潜力”，通过“生死之交”“山盟海誓”“情投意合”“亲密无间”等充满想象的测试结果来满足你现实中无法满足的无限遐想。你甚至还可以根据喜好选择“妩媚女郎”“窈窕淑女”“健美教练”等任何一款异性的“虚拟朋友”，通过“照顾”她（他）“吃饭”“喝水”“洗澡”，让她（他）“讲笑话”“跳舞”“练习才艺”等“互动”来满足各种抚慰性幻想。

“开心网”的确给我们带来了前所未有的开心。它满足了我们在现实生活中与朋友无法实现的“交往”，也满足了我们真实中无法完成的“梦想”。但是，它也给我们带来了沉溺虚拟，并拿虚拟当真实的“开心病”。一些人为了挣“钱”买好“车”、买“房子”、买美女、帅哥做“奴隶”然后再“虐待”他（她），甚至忘记工作和休息，点灯熬夜“比加班还累”。更多的人是边骂“开心网”无聊弱智，边为自己的“走火入魔”忏悔，边忙着情不自禁、夜以继日地找朋友和自己“开心”。根据网络成瘾的临床医学研究，这种情况严重的已经可以归纳入“精神病”范畴了。

其实，这种类似“开心病”之类的网络成瘾与幻想病是现代社会“媒介依存症”的一种。早在二十世纪七八十年代，日本学者林雄二郎和中野收等就提出了“电视人”和“容器人”等“媒介依存症”的症状。具体表现为“过度沉湎于媒介接触而不能自拔；价值和行为选择一切必须从媒介中寻找依据；满足于与媒介中的虚拟社会互动而回避现实的社会互动”等，严重的甚至形成孤独、自闭的社会性格。中国心理协会会员、注册心理师王星波认为：“‘开心网’所培植的自恋、自尊、乐趣是虚幻的，它很容易挫败人们处理现实的能力，进而形成新的心理封闭，导致现实交友、工作等能力的全方位退化。也可以说，‘开心网’屏蔽现实的代价可能是玩家最终被现实所拒绝。”

法国批判学者鲍德里亚曾经对现代人在高仿真电子媒介面前的无助做过这样的批评：“在今天这个电子传媒高度发达的时代，人们与远近事物的关系已经发生了重大变化，无所不在的电子传媒向人们展示的已经不是现实本身，而是超现实。人们生活在一个虚拟复制的文化中，被各种多余的、丧失意义的符号和信息所包围，无法逃脱。”

当年，既然“开心网”一度成了我们生活中难以割舍的“至爱”，我们也注定还会在其他形式的网络狂欢所带来的快感中继续“开心”下去，那么我们如何才能从麦克卢汉所说的处于现代媒介“永久的电刑”中逃脱出来，改变被“开心网”等现代媒介奴役、虐待的命运，值得我们深思。

娱乐的边界

娱乐是人们舒缓紧张生活和提升生活品质的重要手段。社会越是发达进步，人们非生存劳动的闲暇时间越多，对娱乐的需求性越高。如今，全球媒体娱乐产业已经发展成为一个年产值超万亿美元、增长速度远高于全球经济总体增长水平的“朝阳产业”，这说明当今人类社会对娱乐需求的旺盛。

从娱乐的源流来看，娱乐的起源远比文字的产生源远流长。有学者认为，在史前营火时期就有了音乐。而基于动听故事的戏剧表演，也“可以回溯到围着篝火跳舞的史前部落聚会”。现代人围坐在电影屏幕、电视机前，流连于电脑网络聊天室，或者欢聚于灯红酒绿的 KTV、酒吧等虚拟和现实娱乐场所，其实是史前部落篝火晚会娱乐活动的延伸。从这个意义上来讲，在这个被麦克卢汉称为“重新部落化”的“地球村”时代，全国乃至世界各地的人观看某一个共同关注的电视娱乐节目，其实就是集体出席同一场现代人的“篝火晚会”。

既然是“篝火晚会”，即便是蒙昧的史前部落社会时期，也少不了举办规则。比如，亵渎神灵、有损部落尊严的节目不会被允许表演，品行恶劣、好逸恶劳的人不会受到礼遇和欢迎，有违部落大多数人行为做事观念的言行不会受到推崇和欢呼……毕竟，大多数的部落人会有共同的利益和美丑判断。但是，如今现代人的“篝火晚会”中，这些最基本的娱乐规则和价值审美观却开始受到了颠覆和解构。一些电视娱乐节目甚至走向了反面。在娱乐经济收益最大化的利益驱动下，娱乐伦理的边界不断被眼球经济和收视率所蚕食和模糊。娱乐的边界显然正在逐渐消解。

在一些热播的娱乐节目中，江湖游医可以被打扮成能够包治百病、助人延年益寿的“营养（医学）专家”。风尘女子可以包装成求偶心切嘉宾们的“心动女生”和观众们心目中的清纯玉女。赤裸裸的爱情叫卖或金钱换婚姻行为被主持人和点评专家赞许为个性张扬或敢于表现真实的自我。

不顾观众心理感受，明目张胆的炫富损贫和以丑为美的各种自我炒作也成了增加现场戏剧性、提高收视率的卖点。一些依靠出格的言行引起受众关注的“名人”，甚至成了各个电视台争相邀约的香饽饽。相反，一些质朴、善良的人则成为调侃、取笑的对象和节目的点缀。还有一些本来充满血腥、恐怖和窥视暴露癖的节目被装扮成温情脉脉的心理治疗节目。而针对观众的唾骂，被收视率和广告收益冲昏头脑的制作方不是反思、反省自己的不负责任，反而大声呼吁观众宽容。

电视作为视听兼备、受众广泛、感染力和影响力极强的大众媒介，它目前基本仍处于龙头老大的地位，其放大功能可以让荧屏中的美和丑都放大到极致。这正是电视娱乐节目连同节目中的美丽和丑陋能引起人们广泛关注甚至可以迅速蹿红的原因。一些参与节目的“争议”人物在这种放大效应下一夜成名后，往往忘乎所以，自以为摇身一变俨然成为“成功人士”，并把这种美丑不分的炒作当作不断提高知名度的手段。一些电视娱乐节目也不负责任地不断放大强化这种以丑为美的炒作行为。

的确，人们求新、求奇、求异的接受心理存在关注极端、漠视平淡的现实。这种“掐两头去中间”的收视心理势必会对大美和大丑都给予极大的关注，而忽视中庸部分。但是，从深层角度来看，关注并不等于接受，更不等于赞许。人们对娱乐节目中丑的关注，很大程度是出于对极端行为的批评性注意。不仅如此，一些企盼依靠观众的“臭豆腐心理”而提高知名度、关注度的人和节目还存在一种误解——他们误认为自己的种种丑行丑言是观众喜爱的“臭豆腐”。其实不然，臭豆腐是表面臭，本质还是有些营养的，而那些以丑为美的节目参与者和不负责任的节目，很可能不是闻着臭、吃起来香的“臭豆腐”，而是表里如一的污秽。

我国电视台数量众多，20 世纪末一度超过美国 1 倍，达到日本的 25 倍，英国的 260 倍。经过整合，如今数量仍然居世界前列。随着电视媒体竞争的激烈，电视娱乐节目这个电视台的主要经济收入点，必然会成为争夺受众注意力的热土、焦土。如何把握好娱乐的边界，处理好社会和经济效益的关系，真正策划、筹办好这种现代人的“篝火晚会”，对电视制播和管理机构来说都是一种责任和考验。

媒介仿真时代的爱情快餐

爱情和婚姻是人类所关心的一个永恒主题。在人的需求层次理论中，社会心理学家马斯洛将人们的爱和归属的需要列为人的五大需求之一，排在仅次于生理和安全需要之后的第三个层次。美国另一名研究广告心理动机的学者施塔奇在研究人的动机强度时，把异性之间的吸引排在食欲、对子女的爱和健康需求之后的第四位，在人的44种动机中两性吸引的强度名列前茅。正因为人们对爱情、婚姻的关注，导致了爱情主题的影视剧和影视节目的长盛不衰。这也是当前婚恋交友类电视娱乐节目，如《我们约会吧》《非诚勿扰》等火爆的原因之一。但是，作为一种"真人秀"类节目形态，此类婚恋交友节目的火爆还有一个重要的原因——人们对媒介仿真以及媒介仿真产生的快感的依赖。

法国哲学家鲍德里亚把当今这个电子媒介高度发达、媒介模拟人们接触物质世界的感受与幻想的拟像水平登峰造极到几乎可以以假乱真的时代称为仿真时代。这个电子仿真技术高度发达的时代有别于以往从文艺复兴到工业革命的古典时代个人实物为主的手工仿造，也有别于工业大生产时代个人现实和音像为主的机械化复制，而是一种以符号为主宰手段对人们感觉与体验的电子仿真。

在仿真时代"仿真的对象不再是指涉物或某种物质，仿真是对人们在现实中的与物质现象接触的第一手感知和幻想的模拟，通过一系列仿真技术，让人们在缺席于某种场景时，能够获得临场的感官享受和神经快感。电视的现场直播和电脑模拟技术就很能说明问题。在一部名叫'极品飞车'的电脑游戏中，游戏者可以选择各式顶级跑车，手握游戏操纵盘，在各种复杂危险的道路上飙车，体味速度带来的快感，而不必像真实的赛车手一样去冒生命的危险。"（石义彬，2004）

如今，这种仿真的快感已经从简单的电子游戏、电视直播、真人秀，发展到了几乎可供体验的生活的各个方面。人们不仅可以在网络游戏中满足现实中无法满足的“杀人”“偷花”、买卖“奴隶”、给心仪的异性在私人健身房中做SPA、养虚拟朋友、模拟炒股等纯粹虚拟的游戏快感，还可以通过网络、互动电视、智能游戏机终端进行下棋、打球、健身等虚拟与现实的真实性互动。美国一家公司甚至还开发出了“第一代互联网性爱遥控器”。

由于电子媒介的仿真功能可以产生一种“真实与非真实的区别已经模糊不清了，非真实超过了真实，比真实还真实”的“超真实”情境。我们在现实生活中开始越来越多地依赖媒介，越来越多地沉浸在媒介带来的仿真的“超真实”的快感中。相反，现实中的真实体验已经难以满足我们被电子媒介“吊”得越来越高的审美与快感阈值。不仅如此，电子媒介获取快感的便利性与廉价性，又从另一维度加重了我们对电子媒介的依赖。从电子游戏、电视娱乐、视频聊天，到模拟炒股、购物、打球、健身，甚至网上调情、窥视隐私、满足性欲等，电子媒介的仿真功能已经融入我们生活的方方面面。

人们对仿真和仿真带来的快感的“超真实”，以及这种“超真实”快感的便利与廉价的依赖，使得人们越来越排斥和远离现实的生活，爱情与婚姻当然也不能幸免。在《我们约会吧》和《非诚勿扰》中，我们现实中繁杂的从相遇、心仪、暗恋、表白到成功或失败的漫长马拉松过程被直奔主题的约会节目简化为“分分钟而已”式的爱情快餐。现实中茫茫人海中的寻寻觅觅，化约为节目中用来判决爱情成交与否的指示灯或明或灭。当事人双方只需轻轻一按指示灯的按键就可轻松一“键”搞定终身。现实中一见钟情、猜猜疑疑带来的种种烦恼，变成了一“键”钟情或绝交那么简单、明了。现实中遮遮掩掩的关于收入、财产、地位、年龄、感情经历，包括整形与否等婚姻中现实的问题，在直白的拷问氛围中也变得异常透明、简洁。爱情选择的艰难在这类婚恋交友类节目中变成了这种轻松调侃式的成交或淘汰。

婚恋交友真人秀类节目给我们带来的好处是，不管是到节目中直接参与，还是在演播室或者电视机前观看，都能便捷、廉价、高效地体会到这种爱情仿真带来的超越现实的“超真实”快感，而且不用管这种快感的结果——参与者约会的结果如何。爱情成了一种愉悦自己又愉悦他人的娱乐。

然而，换个角度去想，这种“超真实”的仿真爱情快餐又何尝不是一种悲哀。对异性的追求是动物都具有的本能。人类进化到信息高度发展的时代却在现实生活中愈来愈退化了这种从动物时代就进化来的最基本的本能。人们离开了媒介已经无所适从，越来越难以谈情说爱了。一方面，媒介给我们的情感交流带来了前所未有的便利，我们在网络聊天和电视约会节目中，可以和远在天涯的人约会调情；另一方面，这种便利带来的现实结果是剩男、剩女的队伍越来越庞大，对爱情的实际选择越来越艰难，人们越来越怀疑网络、电视等媒介给我们带来的情感的真实性。

机械化的娱乐与娱乐的伦理

在2009年年初江苏卫视《谁敢来唱歌》、湖南卫视《挑战麦克风》等电视选秀节目中采用“机器人评委”来测试选手的音准、音高后，浙江和江苏的一些电视节目又已经或筹划将“测谎仪”引入真人秀类电视节目。通过被测者回答问题时的心率、皮肤、脉搏等状态，来确定其回答问题的可信度与诚实度。有人戏言，中国电视娱乐节目已经进入了“机器时代”。

科技发展的结果表明，机器正在成为人类的延伸和替代，这在文化和娱乐产业中也不例外。从文化工业发展的规律和趋势来看，把文化当作工业来生产的结果必然是要实现模式化和批量化，在这样的生产过程中也必然会出现“机器排挤工人”，由传统“手工作业”向自动化的现代“工业文明”过渡的“产业升级”现象。按照这样的逻辑，当前一些真人秀电视节目中引入“测谎仪”“机器人评委”也是娱乐工业由传统走向现代的一种必然趋势。而且，按照产业经济原理，机器取代人力还有便于标准化生产获取规模经济，并通过降低成本获取更大利润的功效。这可能正是当前一些电视娱乐节目开始进入“机器时代”的最基本的逻辑——商业利益最大化逻辑。

当然，由于电视娱乐节目获取利润的方式并不仅仅靠出卖娱乐商品本身，它还有一个更加巧妙的获利方式，那就是通过向广告商出售观众的注意力来获取“二次售卖”的更大收益。因此，娱乐节目获取利益最大化的逻辑除了通过规模化、自动化生产来降低成本获取更大利润外，还有一个通过吸引眼球、提高注意力来获取“眼球经济”的收视率逻辑。以此看来，在娱乐节目中引入“测谎仪”“机器人评委”既有通过机器来降低生产成本的成效，又有通过引入新奇元素来吸引眼球的功效。可见，电视娱乐节目与机器的结合可谓是一箭双雕、一石二鸟的“天作之合”。

然而，即便是非文化的产业在谋取利润中也要讲究“取之有道”的经济伦理，还有一个正确处理义利冲突的问题。文化产业作为一个精神产品产业本应该有更高的伦理境界。按照法兰克福学派学者的观点，文化最基本的功能有两点：一是“否定”，即文化对现实的批判和否定功能；二是“对幸福的承诺”，即“文化应该让人们看到一个真正有价值的世界，与将生存作为目标的现实生活有着本质不同的世界”。当然，如果以这些批判学者的观点来要求已经成为娱乐和商品的电视文化，不仅不符合国情和现实，而且“乌托邦”色彩很重。但是，即便我们以娱乐和商品的标准来要求文化，也不能不顾娱乐与商业的伦理而堕入“风尘”。

从国外将“测谎仪”引入电视娱乐节目的实践来看，它至少会带来这样一些娱乐伦理问题。首先，对测试者本人来说，机器的考问很容易成为一种精神折磨。且不说在娱乐节目中，就是在司法审判中，“一些‘反技术派’和伦理、司法界的人士对‘测谎仪’也是深恶痛绝”。他们认为：“‘测谎仪’仅仅是从拷打肉体进化到考问精神。一副科学的面具无法遮蔽它的本质：测谎是对精神的“刑讯逼供”和“精神浩劫”。其次，即便是考问出“真相”，很可能因为当事人无法承受“真相”而破坏既有和谐的社会关系。正如广电总局反对情感类节目中使用“测谎仪”或同类仪器时所指出的那样，“婚姻、家庭、爱情是一种复杂的情感和社会关系，所谓‘清官难断家务事’，婚姻、家庭中的‘真话’或‘假话’很难以简单的是与非来判断，再加上测谎试验的准确率在最专业的测试条件下也不能达到100%，如果操作不当，不仅无助于解决问题，还可能会引起人际关系的紧张”。在英国天空一台推出了一档名叫《只说真话》的测谎真人秀节目中就出现过丈夫为了赢得5万英镑的大奖而当着妻子的面承认和别的女人“偷过情”的事。此外，在电视娱乐节目中使用“测谎仪”还容易导致侵犯隐私和“测谎仪”误用、滥用等问题。由于电视娱乐节目的示范作用，国外已经出现了一些公司在面试中使用“测谎仪”的事例。

按照法兰克福学派的观点，把文化作为工业品来生产的时代是一个文化沦落为商品的时代。文化工业的生产理念是：“大众社会不需要文化，只需要娱乐。”生产的原则是：什么能够打动人，就把什么制造出来供人享用。简单地说，就是尽一切办法让大伙儿高兴。随着大众文化产业竞争的日趋激烈与受众的不断分化，电视娱乐节目的竞争也会更加白热化。电视娱乐节目的文化功能、含量和精神品质仍然有更加走低的倾向。电视娱乐的内容形式还有更加边缘化、封建化，乃至原始化与蛮荒化的可能。在这种情况下，如何守住娱乐的伦理底线，值得关注和深思。

娱乐的经济与超经济

美国有一首流行歌曲，名字叫“没有哪个行业能像娱乐业”（There's No Business Like Show Business）。这句话几乎放之四海而皆准。当今社会的确已经从一个“我要更多的家当”过渡到“我渴望更好的感觉、更加感性、更多信息，我希望吃得更精致、活得更轻松”的娱乐经济时代。

米切尔·J. 沃尔夫在《娱乐经济》一书中认为：“文化、娱乐——而不是汽车制造、钢铁、金融服务业——正在迅速成为新的全球经济增长的驱动轮。”他甚至认为，娱乐经济已成为新的世界通货，即21世纪的货币不是欧元，而是娱乐。娱乐经济将成为下一个席卷全球的经济大潮。

从西方发达国家的产业发展经验来看，娱乐产业其本身也是发达国家规模庞大、利润回报极为丰厚的产业。在美国每年的商品出口中，以影视娱乐产品为主的媒体产品的出口额仅次于波音飞机。美国影视娱乐产品的出口量占据世界市场的大半壁江山。根据著名的投资银行摩根士丹利对11种产业中建成世界级竞争能力的大企业所需年限的统计分析表明，以娱乐产业为主要盈利动力的大众传媒产业所需年限仅为8年，其收益的实现远远快于医药、银行、电力、能源等其他产业。

在我国，文化产业也被作为重要的支柱性产业来培养。根据文化部2012年拟定的《“十二五”时期文化产业倍增计划》，此后的5年内文化产业的增加值还将比2010年翻一番。虽然在文字表述上我们更倾向于用“文化产业”这个更加高雅也更加宽泛的名词来代替“娱乐产业”，但是，如果把文化与产业联系起来，把文化当作产业来发展的话，“文化产业”的骨子和里子都还是娱乐。况且，发达国家的经济发展也已经开始从“知识经济”向以满足人的体验需求，能够让消费者“在消费过程中产生‘愉悦’‘难忘’‘酷’‘爽’等体验”的“体验经济”转型。这些“体验”的发生都离不开娱乐引擎的推动。有关研究也显示，传媒内容业的产值

20%在新闻，80%在娱乐。

不仅如此，娱乐带来的效益还远不止于直接的产值利润，它还给我们带来了更多意想不到、几乎可以称为“超经济”的效益。对国家来说，娱乐给一些娱乐产品的输出国带来了文化殖民的便利。美国等一些发达国家在把它们的娱乐产品输出到世界各地的同时，也向他们输出了美国等发达国家的生活、文化和价值观。这些发达国家在收获巨额娱乐产业利润的同时，也捎带收获了众多娱乐产品接受国民众对发达国家的精神敬仰，甚至是毫无抵抗的顶礼膜拜。即便是对娱乐产业发达的西方国家自身，按照文化批判学派的观点，娱乐产业的“麻醉功能”，同样也消磨了本国民众对政府腐败甚至其存在合理性等众多问题和不足的批判精神和意志。

如此，娱乐的“超经济”功能对一个娱乐产业发达的西方国家来说，不但因为娱乐产品输出获得了文化被殖民国家民众的膜拜，也得到了本国国民的被动性“认同”，因为娱乐已经消磨了他们不认同的时间和意志。这也就是赫胥黎所预言的，人们会逐渐爱上压迫，崇拜那些使他们丧失思考能力的工业技术，而且毁掉我们的往往不是我们憎恨的东西，而是我们所热爱的东西。

娱乐除了给娱乐产品的生产输出国带来“超经济”的价值外，同时也给一些娱乐产品的制造参与者带来了“超经济”的收益。因为我们天生对娱乐的热爱，我们给予了那些与娱乐相关的人物——演员、导演、制片人，甚至他们的亲友、情敌、商业对手、使用过的物品和品牌，哪怕是他们所抛弃了的一切更多的关注与崇拜。在美国，演艺明星可以依靠他们的容貌、演技和娱乐影响力比他们的竞争对手更加轻易地登上州长、总统的宝座。至于他们在经济收入、个人名望等方面获得的收益更是自不待言。

在我们这个有着悠久文化娱乐传统、民众更多习惯于顺从而不是习惯于批判的国度，在当前又恰逢温饱奔小康的盛世，有时我们给予娱乐明星的超经济利益和崇拜，与西方国家相比甚至有过之而无不及。在电视频道和节目上收视最火爆的是娱乐，广告收入最高的也是娱乐。在现实中人气最旺的是演艺明星，收入最高的是娱乐大腕。“造”钱最轻松的行业也是娱乐业。就是在每年重要的“两会”上，娱乐明星露脸的机会也远比其他代表委员要高出许多。哪怕这些明星参政议政的热情和能力并不高，但是这丝毫不影响他们一如既往地受到媒体镜头和文字的娱乐化青睐。

正因为我们给了娱乐和娱乐人物超出现实，也超出他们价值的超经济待遇，以致一些娱乐人物已经忘记了自己的出身和真实的一面。他们对自我的评价也在众多失去理智的粉丝们的欢呼和崇拜声中水涨船高，甚至扶摇直上九霄。这也是一些娱乐人物敢于在节目和文字中信口开河，直接把自己当作真理、权威甚至全知全能的化身，而把专家学者全都不放在眼里，把外界的批评视若粪土的原因。

在《娱乐至死》一书中，波兹曼指出：一切公众话语日渐以娱乐的方式出现，并成为一种文化精神。我们的政治、宗教、新闻、体育、教育和商业都心甘情愿地成为娱乐的附庸，毫无怨言，甚至无声无息，其结果是我们成了一个娱乐至死的物种。祸患常积于忽微，忠勇多困于所溺。如果我们盲目地给娱乐和娱乐人物过多不切实际的崇拜和“超经济”待遇，很难保证我们不成为波兹曼所说的一个娱乐至死的物种。

第六章 媒介的法制与伦理

新媒体和信息技术的发展使人们对虚拟社会的依存度越来越高。媒体作为“人体的延伸”，其现实替代作用也越来越强。这不光表现在人们接触媒体的时间越来越长，还表现在人们越来越通过媒体体验来替代现实体验。媒体已经成了人们感知、认知外界事物的重要“器官”。然而，人们对媒体的倚重特别是对一些新媒体的依赖强度和黏度增加不能成为这些媒体绑架、贩卖和愚乐受众的理由。

治理地方新闻“买办”机构应告别运动式执法

近日，中央和一些地方新闻管理部门下大力气开展了新闻单位驻地方机构的清理、整顿工作。中宣部、国家新闻出版广电总局、国家网信办于2014年12月4日召开专题会议，要求对各级、各类新闻单位驻地方机构设立、人员使用、业务开展情况进行全面清理，不符合要求的驻地机构一律撤销合并，违规聘用人员一律辞退。网站地方频道同时也被纳入清理、整顿范围。除中央重点新闻网站外，其他各类网站不得开办地方频道和驻地方机构从事新闻采编业务，已开办的一律撤销。会议同时严格限制了地方新闻机构清理、整顿的“时间表”，要求确保清理整顿工作在2015年3月底前全部完成。其措施严厉、整顿迅猛，雷厉风行程度，可谓空前。

一些地方对于中央治理工作的响应速度也是前所少有。仅仅在中央治理工作专题会议10天后，河南省就迅速开展清理、整顿中央新闻单位驻当地机构工作。据当地媒体报道，河南省整顿工作除要求非中央重点新闻网站不得开办网站地方频道和设立地方机构从事新闻采编业务外，还明确提出：“中央新闻单位只可在省会郑州设立一个分社或记者站，其主管、主办的子报、子刊设立的记者站和其他具有采编业务的驻豫机构一律并入分社或记者站，无法并入的一律撤销。”

其实，对于各类新闻网站纷纷开设所谓地方频道的危害，笔者早在2012年6月就曾在《青年记者》撰文《新闻网站地方频道应及早规范》(2012年第18期)，建议有关部门“在当前媒体自律机制还不健全、自我约束能力还比较弱的情况下，为了防止新闻网站及其带有独立运营性质的地方频道过度膨胀，重蹈传统媒体治理前‘小、散、滥’的局面，有关管理部门有必要对网络媒体的发展格局尽早出台相关法规，尽早进行规划治理，以免出现先乱后治的被动局面”。

传统媒体地方派出机构过多、过乱，导致人员私聘滥聘、违法违规的行为多发频发及败坏新闻风气、侵蚀媒体公信力等“散、滥、差”的问题一直没得到妥善解决。而各类网站打着新闻采编和舆论监督的旗号，吃拿卡要，违规敛财，甚至拿舆论曝光等恐吓威胁、敲诈勒索的现象，却是在新媒体发展环境下滋生出的新问题。出现这种情况，一方面是新媒体发展给一部分“头脑灵活”“嗅觉灵敏”、善于“抓住机遇”的人，提供了施展身手的新空间、新手段和新舞台；另一方面，也说明我们对于新媒体的管理一直滞后于现实的发展需要。

在长期与各种违规、违法问题斗智斗勇的过程中，传统媒体的管理已经基本形成了一套可行的制度，企图靠传统媒体谋取私利的人员难以钻到空子。有关管理部门对于一号多刊、一号多报、出版报刊地方版、少数民族文字版、外文版等以及报刊社地方记者站设置等均有严格规定。而对网站开办地方频道和地方采编机构等新媒体管理的问题，传统媒体的管理手段如《报纸出版管理规定》《报刊记者站管理办法》等却鞭长难及。与此同时，新的管理制度并没有及时建立，从而造成了新媒体管理制度上的真空地带。

不管是传统媒体违规设立地方记者站、工作站、联络站等非法采编机构，还是各种网站纷纷开办地方频道、地方采编机构，从很大程度上说，都是醉翁之意不在酒。这些地方采编机构从成立之初，大都不是冲着新闻采访，而是冲着瓜分地方利益来的。这些违规设置的所谓“记者站”“地方频道”其实只是一些上级单位派驻在地方打着新闻采编旗号，实施敛财目的的“买办”机构。这些机构出现了河南省重点清理范围所描述的违规设站、一地多站、站外设站、以人代站及工作经费保障不到位、违规下达经营任务、违规承包转让、聘用党政机关工作人员兼职、擅自聘用社会人员、违规从事经营活动、滥用新闻采访权谋取不正当利益等各种问题，已经到了中央整治专题会议所说的“严重败坏新闻界风气、侵蚀新闻媒体权威性公信力、社会影响恶劣”、非治不可的地步。

可喜的是，中央和各地新闻管理机构已经看到了这些地方新闻“买办”机构的危害，已经开始下大力气整治。特别是河南省，不仅在中央有关专题会议之后马上开始全面治理中央媒体驻豫机构，而且还先行一步。

几乎在获知中央即将治理新闻单位驻地方机构的同时，就开始着手治理各类网站的地方频道工作，并于 2014 年 12 月 2 日通过河南省互联网信息办公室官方微信“@河南网信”发布消息，对未履行审批手续、违规开设河南频道的中华通讯社河南频道（hn. zhtxs. net）、人民在线河南频道（henan. peoplezzs. com）、祖国网河南频道（www. zgzynews. com）、人民法制周刊河南频道（henan. hdoad. com）、中国公廉网河南频道（hn. china - gl. org）给予关停整改处理。

应该说，这些做法都是可取且必需的。但是，从这些年中央和地方新闻出版管理部门多次开展打击假媒体、假记者站和假记者专项行动和专项治理行动而新闻采访等各种违规问题仍然比较突出来看，此次集中整治新闻单位驻地方机构工作仍然存在运动执法嫌疑。这种做法的不足之处是，虽然每次集中整治之后会起到明显的效果，但是整治之后容易出现反弹，或者转移现象。比如违规、违法行为从传统报刊媒体，转移到网络或者微博、微信等其他新媒体。当前的新闻网站地方频道过多、过滥问题，在一定程度上就是前些年只顾集中整治传统媒体“三假”问题的结果。

不仅如此，这种运动式执法，还会导致各地因理解政策差异，出现因人、因地而异甚至人治等负面效应，如河南省在整治中就明确提出“2013 年度该报刊刊发有关河南稿件数量少于 30 篇（含 30 篇）的驻豫记者站一律撤销”。如此，很可能导致一些中央驻河南新闻机构，为了顺利通过当地对驻豫记者站的年检，而不顾新闻客观规律，每年硬性发表一定数量的新闻稿来完成规定的 30 篇指标。甚至一些单位，为了能够顺利通过年检，而不敢进行正常的舆论监督，甚至故意通过为当地政府和官员歌功颂德来讨好当地新闻管理机构。

党的十八届四中全会再次突出强调了全面推进依法治国问题。要想从根本上治理好中央媒体违规设立驻地方新闻机构和各种网站违规开办地方频道问题及整治好地方新闻“买办”机构乱象，还应该从加强法制入手。特别需要管理部门能够用前瞻的眼光，超前谋划，及时制定一套行之有效的管理法规，以便能够治理好新媒体发展中出现的新问题。

记者站管理办法如何才能“落地”

新闻出版总署制定的《报刊记者站管理办法》已于2009年10月1日起正式施行。新“办法”的适用范围扩大，将期刊、报纸记者站的管理规范合并，并规定境内报刊出版单位的分社从事新闻采访、组稿等活动适用此办法。

近年来，新闻出版总署为了管好小小的记者站可没少操心。不仅自2003年以来多次发布红头文件，在全国范围内专门开展了报刊社记者站清理、整顿工作。仅仅是记者站管理的法规就在1992年3月颁布的《报社记者站管理暂行办法》基础上，先后进行了2005年与2009年的两次版本“升级”，并在2006年和2007年为了加强2005年版记者站管理办法的治理效果专门为其打过两次“补丁”。

早在2004年，新闻出版总署第4次署务会就通过了《报社记者站管理办法》，并于2005年3月1日起施行。这个老“办法”明确规定：“报社记者站不得从事与新闻业务无关的其他活动，不得从事出版物发行、广告、开办经济实体及其他经营活动；除记者站以外，报社不得以办事处、通联站、工作站等名义设立从事新闻业务活动的其他派出机构。”可是这个老“办法”施行后，记者站的从事与新闻业务无关的其他活动，特别是非法经营活动并没有得到遏制，反而在一些地方变得变本加厉，顶风作案，甚至“冒雨”作案的记者站和记者仍然肆无忌惮。以曝光为威胁非法拉广告的有之，拉大旗作虎皮依附权力部门搞摊派发行的有之，置新闻职业道德于不顾大搞有偿新闻、有偿不闻的有之，甚至排队领“封口费”的也大有人在。更为严重的是2007年1月在山西省浑源县的一家非法煤矿还发生了《中国贸易报》的聘用人员兰成长被殴打致死事件。老“办法”不仅没有管好记者站，还因为一些记者站有法不依和有关部门的执法不严闹出了人命。

为了修补老“办法”管理不力而造成的“漏洞”，2007年3月有关部门专门召开了报社记者站管理工作视频会议，会上新闻出版总署和中央纪委驻总署纪检组联合发出了《关于进一步规范报社记者站管理的通知》。“通知”较详细地列举了自2005年老“办法”施行以来，仍有部分报社记者站存在“干扰了正常新闻采访活动的开展，严重影响了新闻机构和队伍的形象，在基层群众中造成恶劣影响”的斑斑劣迹及其他表现。“通知”除了新规定“未领取新闻记者证不得从事新闻业务”“人事权归报社，记者站不得自行聘员”等，更主要的是在对老“办法”中“报社记者站不得从事与新闻业务无关的其他活动”等内容的“再次重申”。这个“通知”与2006年新闻出版总署发布的《关于开展规范报刊社记者站管理专项工作的通知》一起算是有关部门为了加强2005年施行的老“办法”的管理效果而打的两个“补丁”。遗憾的是有了“补丁”并经过“开展自查自纠集中清理现有记者站”活动以后，记者站存在的各种“病象”“乱象”并没有得到有效治理。

出现这种具有国家法律效力的“硬办法”不敌地方记者站的“土办法”和“软办法”的根本原因不外乎以下几点。其一是有关新闻单位对于记者站的管理不严和新闻记者站自身存在有法不依的现象。一方面，新闻单位把自己的记者站当作是驻外经营办，是为单位拉广告、搞发行、进行各种创收经营活动的“摇钱树”。另一方面，记者站和驻站记者自身忘记了自身的职责，把自己从事的新闻活动当作生财之道，甚至当作非法捞钱敛财的手段。其二是一些地方政府部门与官员，为了自己的政绩宣传需要或其他个人利益，对一些记者站和驻站记者的违规行为心照不宣，为了“互惠互利”甚至千方百计提供方便，乃至狼狈为奸。君不见，尽管早在2005年的老“办法”中就曾明文规定“记者站不得设在党政机关”“党政机关工作人员不得兼任记者站工作”，但是如今将记者站牌子挂在政府或党委大院，将记者站办公室设在政府或党委办公楼的绝不在少数。而且一些党报、电台为了方便开展工作，实质是利用权力开展各种经营活动方便，甚至带头在党政机关设站布点。至于本着你帮我宣传我帮你发行、广告、赞助等经营活动的“双赢”和“互利”想法，而且采取这种做法的党政机关领导人更是不乏其人。其三是有关管理部门执法不严，没有将新老“办法”真正严格执行下去，真正做到违法必究，而是仅仅停留在抓几个典型上。而一些地方记者站在与有关管理部门的长期周旋中又逐渐积累了很多对付检查的“土办法”与“软办法”。如此，国家有关部门制定的“硬办法”就这样被它们“化解”了。

如今施行的新“办法”作为2005年老“办法”的升级版，将内容从原来的5章33条增加到6章42条，并增加了记者站须年检并按时缴送样报、样刊等很多新规定。但是新“办法”如何从法规文本中实现“硬着陆”，能够掷地有声并落地生根，取得实实在在的治理效果，会不会像以往的老“办法”一样拿违规记者站没有办法，很值得关注。真诚期待新闻出版总署等管理部门在违规记者站与驻站记者的治理上，不要停留在制定“办法”的水平上，而是拿出有法就要执行到底，违法就要依法严惩的行动来。

谨防“转制”成游戏

山雨欲来风满楼。种种迹象表明，报刊改制开始进入攻坚阶段，而且动起了真格。新闻出版单位转企改制的“路线图”越来越清晰，“时间表”越来越明确。转企改制甚至到了决定单位生死的关键时刻，不按规定转制的单位将被注销出版资格，逐出出版队伍。

在2009年8月28日召开的中国报业协会第四次会员代表大会上，新闻出版总署署长柳斌杰在讲话中透露非时政类报刊出版单位的转制工作将全面启动，计划于2011年年底前完成转制。2009年11月总署下发的《关于加快推进经营性图书、音像和电子出版单位转制工作的通知》中则明确对有关单位下达了“最后通牒”——对于2010年1月1日前尚未完成转制的地方和高校经营性图书、音像和电子出版单位，将陆续终止其出版资格。对于2011年1月1日前尚未完成转制的中央各部门各单位经营性图书、音像和电子出版单位，视为其自动退出出版行业，将按规定注销。

应该说，中国新闻出版界对“转企”的声音并不陌生，甚至觉得有些老生常谈，有些乏味。早在1949年12月召开的全国第一次报纸经理会议上，为了解决建国初期公私营报纸赔耗严重与物质紧缺、社会购买力低下、读者范围不广等问题，有关部门就提出了报纸的“企业化经营”“必须把报纸真正作为生产事业来经营，逐步实行经济核算制”问题。只不过当时的政治、社会环境，使这样很有见地的报纸“转企”声音没有在现实中得以真正实施。而中国新闻出版单位“转企”的步伐从开始蹒跚上路至今，也已经30多年了。在1978年年末，《人民日报》等8家中央新闻单位就联合给财政部打报告，提出了“事业单位，企业化管理”的经营方针。财政部同意这些单位根据政府的有关政策，“可以从经营收入中提取一定比例用于增加员工的收入和福利，并改善媒介自身条件”。到80年代中期，这种戴着事业“红顶”的新闻出版单位“企业化”制度已经在全国多数中央和省级新闻单位得到了普遍实行。

至于新闻出版单位“转企”的实质性步伐——集团化，在10多年前就已经迈出了。1996年中宣部、新闻出版总署批准《广州日报》进行报业集团试点，全国第一个报业集团广州日报报业集团成立。1999年6月，无锡市整合了有线和无线两家市属电视台及下辖的宜兴、江阴和锡山三家市、区电视台等媒体，成立了全国第一家广电集团。新闻出版单位“转企”的集团化试点也开始了从副省和地市级单位的“边缘突破”。此外，中央有关部门关于文化体制、新闻出版单位改革的红头文件自20世纪末期至今已经发布了不下10个。

中央有关部门要求新闻出版单位改革、改制的阶段性呼声不可谓不强烈，中国新闻出版单位“转企”的设想与尝试的历史也不能算不悠久，但是真正实施推行起来却是路途崎岖，道阻且长。可以说，新中国成立以后，特别是改革开放以后，要求新闻出版单位改革的阶段性呼声一直就没有停止过，新闻出版单位也似乎一直在改革与转制的路上忙碌着应付每一次改革浪潮的到来。然而，事实上随着外部大环境与决策主管部门政策的变化，新闻出版单位又常常在改革与停滞，真改与假改，大改与小改，甚至改革与后退之间徘徊。改革转制并没有真正取得实质性的成效，也没有真正在全国推广开来。

究其原因，改革是一次深刻的利益调整，改革必然会触及一些部门和一些人的既得利益。由于改革危及一些地方部门和既得利益者的利益，新闻出版单位一些改革的成果不但没有得到巩固和扩大，反而在少数人的操作、操纵下走上了回头路。也由于一些地方和单位改革利益分配的不均衡和不公平，改革的利益始终在向少数决策实权人物倾斜，导致改革得不到广大群众的拥护和支持，从而使改革的阻力加大，无法真正推行。有的虽然强制推行了，又导致改制单位的矛盾增加，民怨沸腾，无法取得预期成效。结果在一些地方和单位出现了各种应付改革的“变通之法”，甚至出现了实施一段时间，应付完上级检查又改回去了的现象。改革同时也是一项综合配套的系统工程，宏观体制等综合配套改革的不足与不同步也在一定程度上导致了新闻出版单位改革的反复，增加了转企改制的阻力与反弹。

结果在一轮一轮改革、转制浪潮的“冲击波”中，一些利益涉及的地方部门和新闻出版单位学会了“在战斗中成长”，总结了各种各样应付上级要求改革、转制红头文件和检查督促的“宝贵经验”，也学会了如何以“改革”的名义做足各种表面文章，结果轰轰烈烈的改革在一些地方和单位反而沦为了“一场游戏”，对那些真心希望改革的人来说则虚化为一场游戏后的“一场梦”。于是乎，一些靠摊派发行、违规经营，在改革中被关停的报刊若干年后又在“公关”与“运作”下获得了茁壮成长的空间；一些在早期改革中转变为企业的单位又回到了事业化、行政化的温暖怀抱中；一些本该转变成企业身份的“能人”又一次戴上了行政级别的“红顶”。

改革之难，难在取得实效。尽管中央有关单位对此次新闻出版单位转企改制态度坚决，路线与时间明确，但是最应该提防的就是改革制度措施的“百炼钢”如何不被基层有关单位部门和人员的“太极术”化为“绕指柔”。这样的担心并不是杞人忧天，中国新闻出版单位以往历次改革历程之艰难崎岖已经说明了问题。2009 年 11 月 5 日下午，新闻出版总署领导在部分地区地方出版社转制工作座谈会上强调，改革是大势所趋，要按照中央的要求，做到真抓真改、真抓实干，使出版企业建立、健全法人治理结构和现代企业制度，真正成为市场主体。期待此次新闻出版单位转企改制真正能够“一杆到底”，取得并巩固实效。

让新闻出版人受益是“转企改制”的关键

新闻出版业的“转企改制”工作是全国文化体制改革的一项重点工作，始于2003年6月中央、国务院启动的文化体制改革试点。2009年3月，新闻出版总署印发《关于进一步推进新闻出版体制改革的指导意见》后，我国新闻出版业的“转企改制”工作进一步加速，有了明确的“时间表”和“路线图”。在2009年8月28日召开的中国报业协会第四次会员代表大会上，新闻出版总署署长柳斌杰曾提出“计划于2011年年底前完成非时政类报刊出版单位的转制工作”。截至2010年年底，除明确为公益性的图书、音像制品和电子出版物出版单位外，所有中央各部门各单位、地方和高等院校经营性图书、音像制品和电子出版物出版单位均已经按照总署制定的“时间表”完成转制。

考虑到“转企改制”工作现实的复杂性与艰巨性，新闻出版业的“转企改制”工作“时间表”不得不一再延迟。在2011年7月20日召开的全国新闻出版局长座谈会上，新闻出版总署署长柳斌杰又明确提出“推进非时政类报刊出版单位的体制改革，是全国文化体制改革的一项重点工作，也是今年新闻出版体制改革的核心工作”，要求在2012年9月底前全面完成非时政类报刊出版单位的转制任务。其中，首批转制的中央各部门各单位非时政类报刊出版单位要在2011年年底前完成转制任务。

“转企改制”工作解放了新闻出版业的生产力，但是同时也使一大批新闻出版业从业人员的职业身份、从业生态发生了从事业到企业的根本性改变，“铁饭碗”、终身制、事业单位的职业荣耀等被彻底打破。这势必给这些新闻出版从业人员带来一系列从物质利益到心理精神上的重大变化和冲突。如何解决广大新闻出版人身份转型、从业生态急剧转变后可能出现的心理失落、身份认同落差与利益冲突等现实问题，进一步提高新闻出版人的人力资源效能、创造创新能力，增强新闻出版业的传播力与整体实力，使新闻出版业在“转企改制”后能够按照改革的初衷，发挥出更大的活力与效力，有必要对“转企改制”后的新闻出版人从业生态、新闻出版业的人力资源现状以及存在的问题，进行一次较为深入、系统的调查研究，以便未雨绸缪，及早拿出对策。

新闻出版人是一个既关系到新闻出版业做大、做强的经济效益，又关系到国家舆论与文化安全等社会效益的特殊群体。新闻出版业是一个高创造型、高智力型的行业。在当前新闻出版业大力推行“转企改制”的体制改革情况下，其人力资源环境好坏、从业生态的优劣不仅直接影响到新闻出版人创造力和积极性的发挥，影响到新闻出版业的经济效益、整体实力和传播力的提升，还会对新闻出版物的舆论导向、意识形态等政治社会的深层次问题产生影响。

了解“转企改制”后新闻出版人从业生态现状与精神和物质等利益需求，有针对性地满足他们的各种诉求，对促进新闻出版人和新闻出版业的自身发展以及整个社会的健康发展，增强新闻出版业在国内外的传播力和国家文化软实力等方面，均具有重要的现实意义。

首先，有利于新闻出版人的健康发展和创造力发挥。“转企改制”在给新闻出版业带来活力的同时，也使新闻出版人的工作、生活和发展环境发生了很大变化。特别是身份转型、绩效考核、经营压力、工作压力等给新闻出版人的心理、生理带来了一些新情况、新问题，如果处理不好，不仅会影响新闻出版人的身心健康，而且会影响他们创造力、传播力的发挥。而及时准确了解“转企改制”后我国新闻出版人的利益需求，可以及时发现其中存在的问题，拿出对策，从而更好地促进新闻出版从业生态的优化，增加新闻从业人员的职业满意度、忠诚度，促进新闻出版人的健康发展和创造性发挥。

其次，有利于新闻出版产业的健康发展和新闻出版强国的战略的顺利实施。新闻出版人是实施出版强国战略，提高新闻出版业传播力、影响力和竞争力的第一资源。2010 年全国新闻出版工作会议明确提出了建设新闻出版强国的战略目标，明确今后 10 年将实现我国由新闻出版大国向新闻出版强国的转变。建设新闻出版强国和提高新闻出版业的传播力，在国内增强新闻出版业的舆论引导力、社会影响力和整体实力，在国外增强中国新闻出版业的国际影响力和文化软实力，都离不开新闻出版业人力资源效能的提高和从业生态的改善。

及时、准确了解“转企改制”后我国新闻出版人的利益诉求，不仅有利于新闻出版业的做大、做强，而且有利于新闻出版的传播力、舆论引导力和国际影响力等国家软实力的增强，有利于新闻出版强国战略的顺利实施。

最关键的一点在于，新闻出版业的“转企改制”工作最终能否深入、持久、巩固并取得预期的效果，从根本上取决于这项改革能否让新闻出版人在改革中受益，能否让新闻出版人满意，能否取得新闻出版人发自内心的拥护。2009 年，新闻出版总署印发的《关于进一步推进新闻出版体制改革的指导意见》也明确把“充分调动广大新闻出版工作者的积极性、主动性和创造性。……坚持以人为本，充分尊重人民群众的主体地位和首创精神，切实维护广大职工的切身利益，动员和激励广大新闻出版工作者积极支持改革，主动参与改革”作为推进新闻出版体制改革的重要保障。

权力的“情人”与“敌人”

在西方，媒体和政府的关系被看作是“情人”关系。“媒体和政治权力好像是矛盾的‘情人’关系，既无法和对方完全正常地生活在一起，又离不开对方。”在国内，一些政府部门和官员是怎样处理与媒体和记者的关系的，虽然不好用西方的观点来简单概括，但是有两种关系是非常富有代表性的，一种是“情人”关系，另一种是“敌人”关系。

在现有体制下，权力部门与舆论机构的“情人”关系相对普遍，而且相比较于西方的政府和媒体关系，国内这种“情人”关系更加甜蜜和谐。有时甚至是夫唱妇随，甚至齐声合唱“同一首歌”。其中原因，在于国内的众多媒体长期依靠权力部门的呵护、荫庇和哺育。除了各级权力部门会直接拥有各自的报纸、电视、广播和网络四大媒体外，有的还间接投资扶持一些其他形式的喉舌机关。一些媒体虽然名义上已经转企改制，实行“商业化”经营了，但是在计划经济和权力经济下长期养成的娇生惯养的习性和可怜的市场竞争能力，使它们不敢也不愿意摆脱被权力“包养”的优越生活。这样的媒体你让它监督权力，它也只会“打哈哈”“挠痒痒”，打马虎眼而已——发几声类似于“啊呀！这孩子呵！您瞧！多么……啊哟！哈哈！Hehe！he，hehehehe！”这样“既不谎人，也不遭打”的无意义的怪音。

在现实生活中，一些媒体和记者面对权力并不是全部甘心情愿做个“情人”和“顺民”。他们或者出于铁肩担道义的良知和责任，敢于打破被权力包养的命运，或者出于个人利益关系链而走险挑战权力，或者出于其他原因而与权力“叫板”。这些媒体和记者于是就走到了权力的对立面，成了一些政府部门和官员们防范和攻击的对象。一些“不听话”“不识趣”的记者，轻则被某些当权势力列入“黑名单”、打入“冷宫”或恐吓威胁，重则被勒令停职反省，直至“炒鱿鱼”，有的甚至还面临着被传唤、拘捕、通缉的命运。如武汉市江岸区检察院传唤《长江商报》记者姚海鹰、辽宁省西丰县警方千里进京拘传《法人》杂志社记者朱文娜、浙江省丽水市遂昌县公安局网上通缉《经济观察报》记者仇子明等都是其中的典型性事件。

为了保障媒体和记者的舆论监督权利，防止媒体和记者被某些权力部门滥用权力，肆意实行“专政”，国家在法律规范和政策文件中多次明确提出支持和保障媒体和记者的采访权与监督权。国务院发布的《国务院关于加强法治政府建设的意见》中明确提出要“高度重视舆论监督，支持新闻媒体对违法或者不当的行政行为进行曝光”。温家宝在《政府工作报告》中指出要“创造条件让人民批评政府、监督政府，同时充分发挥新闻舆论的监督作用，让权力在阳光下运行”。新闻出版总署出台的《新闻记者证管理办法》同样明确规定“新闻记者持新闻记者证依法从事新闻采访活动受法律保护。各级人民政府及其职能部门、工作人员应为合法的新闻采访活动提供必要的便利和保障”“任何组织或个人不得干扰、阻挠新闻机构及其新闻记者合法的采访活动”等。但是，一些权力部门仍然出于本位主义和地方、部门利益采取各种方式阻挠、报复记者和媒体正常的采访和监督工作。甚至一些中央部门也不能例外，如卫生部就明确提出“对极个别的媒体记者，我们也将建立黑名单”的做法。

有学者认为，“在现代政治生活中，政治家是否成熟的标志之一就是是否善于同媒体、同记者打交道”。也有学者提出，“在一个媒体发达的时代，‘媒体盲’比‘法盲’‘经济盲’更加可怕”，因为在西方，“媒体盲”几乎就没有参与政治的可能。但是，我们的很多权力部门和官员仍然习惯于采取简单化的办法来对待媒体和记者，他们或者利用手中的权力采取“堵”“封”“压”“吓”的办法，或者利用手中掌握的政治、经济等资源采取“拉”“腐”“贿”的办法。他们手中不仅有一个打压记者的“黑名单”，还有一套拉拢记者的“红名单”。对于“黑名单”中的记者常用的武器是权力“大棒”，对于“红名单”中的记者惯用的手法是利益腐蚀的“胡萝卜”。这种简单化对待媒体和记者的手法，是“媒体盲”和政治上不成熟的典型表现。

“扫黄打非”要有新理念

2012年元旦刚过，全国“扫黄打非”办公室公布了2011年度“扫黄打非”的十大数据。数据显示，2011年全国共收缴各类非法出版物5200万件。其中，淫秽色情出版物133万件，侵权盗版出版物4402万件，非法报刊474万份。2011年全国共查处各类案件1.8万余起，其中淫秽色情出版物案件1717起，侵权盗版出版物案件10932起，各地网站共清理网络淫秽色情和低俗信息180余万条，关闭违法、违规网站、频道和栏目1200余个。2011年全国“扫黄打非”联合举报中心全年共受理关于非法出版和网络有害信息等方面的群众举报线索15.7万余条。

通过与2011年全国“扫黄打非”办公室公布的2010年全国“扫黄打非”十大数据进行对比后发现，2011年全国共收缴各类非法出版物件数，比2010年的4437.3万件增长了15%。其中，淫秽色情出版物增长了26%，侵权盗版出版物增长了15%，非法报刊增加了17%。2011年全国共查处各类“扫黄打非”的其余案件也比2010年度增长了11%。

这说明全国“扫黄打非”部门每年下大力气进行的“扫黄打非”工作虽然“战果辉煌”，但是“扫黄打非”的高压态势并没有使“黄”和“非”的违法犯罪分子有所收敛。相反，一些违法犯罪分子反而利用新技术、新手段变得更加嚣张。如2011年贵州省贵阳市的“5·18”批销淫秽盗版光盘案，现场查获各类非法光盘34万余张，其中盗版光盘32万张、淫秽色情光盘17307张。江苏南通“8·13”网络传播淫秽色情动漫案，截至案发，该网站共发展会员13万人，传播淫秽色情视频1459个、图片11万余张，点击量达650万人次。北京“2·18”制售盗版教材案，共抓获犯罪嫌疑人15名，现场收缴盗版教材、教辅读物15万册。经查，该案涉案出版物总码洋接近1亿元。河北廊坊“2·18”盗版《中国共产党历史》第二卷案，查获《中国共产党历史》第二卷盗版图书2万套，抓获犯罪嫌疑人27名。

“黄”和“非”之所以出现扫不尽、打不绝甚至“道高一尺，魔高一丈”的尴尬局面，与当前国内“扫黄打非”理念陈旧以及“黄”和“非”的界定模糊，甚至过于宽泛有很大关系。

有关媒体采访全国扫黄打非办举报中心工作人员的报道显示，即便是专业的扫黄打非人员对于一些黄和非的认定也存在难以准确判定的问题。“什么信息是黄色的？什么信息是低俗的？目前并没有明确的划定界限。即便是作为全国‘扫黄打非’办的工作人员，对于黄色与低俗，也大多是个人判断。”对于黄色与低俗，他们曾经向拥有最终解释权的国务院新闻办了解过。新闻办给他们传来了一份专门为清理整治网上低俗内容而发的低俗“十三条”。在这十三条中，“传播一夜情、换妻、性虐待等的有害信息”“恶意传播侵害他人隐私的内容”“推介淫秽色情网站和网上低俗信息的链接、图片、文字等内容”“非法性药品广告和性病治疗广告等相关内容”等，都属于低俗内容。“这样一来，许多原本应该是黄色内容的却列入低俗范围去了。而对十三条中‘以庸俗和挑逗性标题吸引点击的内容’‘直接暴露和描写人体性部位的内容’等等却又缺乏可操作性。”

对“黄”与“非”的准确界定是“扫黄打非”工作最根本性的内容，离开对这一根本问题的明确势必使“扫黄打非”工作失去明确的目标，而且还将浪费大量的人力、物力。不仅如此，对“黄”与“非”的界定模糊或者界定过宽，提出的目标要求超过社会实际道德水平和客观需要，还会使普通群众无所适从，甚至因为过于宽泛，要求过高，无法遵从而失去群众支持。为此，对于“黄”与“非”不仅要准确界定而且要合理界定，必要时可采取分级、分类管理，使“扫黄打非”工作更具可操作性、合理性和现实性，省出时间、精力集中力量打击那些危害严重的重要重大问题，以求取得更加明显的实效。

从扫黄打非的实践来看，对“黄”与“非”有一个明确的、科学的，同时又能够为社会普遍认同的界定，既要符合社会发展要求，又要符合人民群众的根本利益。在认定过程中既要分清对象，又要与时俱进，不能固守成规、不加区别。只有政策和制度的制定符合群众的根本利益和社会发展要求，才能够得到群众的支持，从而减少制度执行的阻力，降低制度运行的成本。

当前，国家在扫黄打非这场被称作“没有硝烟的战争”的战场上投入了大量人力和物力。要想取得这场战役的决定性胜利，必须创新工作理念，科学界定“黄”“非”概念，做到分级管理，分类实施，宽严相济，收放合理。

新闻网站地方频道应及早规范

当前很多新闻网站纷纷开办地方频道，有的大型网站不但开办了省级频道，还开办了市、县、区级频道，甚至乡镇级站点。如某大型中央新闻网站，不仅在各省开办了省级频道，而且在一些省内，如江苏，开办了无锡、苏州、淮安、崇川、张家港、吴江、常熟、昆山、周庄、新沂、睢宁、大丰、江阴、宜兴、泗阳、阜宁、苏州高新区、苏州工业园区、大丰港经济区、东台、如皋和高淳桠溪22个频道（站点）。在当前依靠媒体自律尚不能完全解决媒体扩张中出现的各种问题情况下，一些大型新闻网站的地方分支机构和地方频道扩张的边界及其法规上的合理性有必要提上研究和管理的议程。

由于网站的地方频道究竟是作为网站地方分支机构还是网站附属子网页的界定比较模糊。加之，网络传播形态与传统媒体有很大的差异性，网站地方频道开办和建设又十分便利，政府部门在新闻网站地方频道的建设、开办的管理上存在明显的滞后和空白。以致当前不论是中央一级新闻机构主办的网站还是新浪、搜狐等大型商业新闻网站，纷纷在各地抢滩圈地，争相创办网站地方频道、站群。但是，如此多的地方频道建立后，却缺少有效制度约束，各种问题也纷纷出现。有的甚至利用大型新闻网站和主办单位的名义从事各种创收甚至新闻敲诈活动。一些地方新闻频道由于从业人员素质不一，缺少应有的政策把关意识、导向意识和社会责任心，导致虚假新闻、不良炒作频频出现，给各地新闻舆论安全带来很大的隐患。

对于传统媒体创办地方版已经有了明确规定，如《报纸出版管理规定》第32条规定："一个国内统一连续出版物号只能对应出版一种报纸，不得用同一国内统一连续出版物号出版不同版本的报纸。出版报纸地方版、少数民族文字版、外文版等不同版本（文种）的报纸，须按创办新报纸办理审批手续。”第33条规定：“同一种报纸不得以不同开版出版。报纸所有版页须作为一个整体出版发行，各版页不得单独发行。”但是，就目前情况而言，大型新闻网站的地方频道有的只在各个省通信管理部门进行了备案，其县市级网站基本没有单独进行备案，甚至有的省级频道也没有备案。

按照目前的《互联网新闻信息服务管理规定》，互联网新闻信息服务单位按照所属单位性质和提供新闻信息服务形式的不同，还应该分别“应当经国务院新闻办公室审批”或者“应当向国务院新闻办公室或者省、自治区、直辖市人民政府新闻办公室备案”。但是，绝大多数新闻网站只是其上级总网站取得了新闻网站许可证，其地方分支频道并没有取得从事新闻信息发布的资质。

如果采取传统媒体的管理方式，这些大型新闻网站开办的地方分支机构属于“一号多报”或“一号多刊”的违规行为。即便按照《互联网新闻信息服务管理规定》，那些单独设立分支机构的大型网站地方频道及其地方频道的地方频道，只要有单独的地方编辑经营机构，都应该视作单独的地方网站进行ICP备案和新闻网站许可登记。否则，应视作违规经营。

即便对于一些以总网站名义，在地方上进行经营和信息采集发布活动的网站或频道，还应该比照《报刊记者站管理办法》，对其人员从业资质、人员数量、工作范围，以及哪一级城市设站进行明确规定。如该办法规定：“中央和国家机关各部门、各直属机构，各民主党派，全国性社团组织及其直属单位，国有大型企业等单位主管的报刊出版单位可以在省会城市、计划单列城市设立记者站。”并且，“报刊出版单位在符合规定的各区域只得设立一家记者站”。但是，一些中央级新闻网站在地方设置单独运作的分支频道已经设置到了县级市、区，远远超出了传统媒体记者站的设立范围。

对于网站地方频道的管理，必须区分出这些地方频道是单独运作的媒体机构还是总网站的一个子网页。对于没有在地方设置分支机构，没有采取单独运营模式的地方频道，可以按照总网站的子网页，不要求其单独进行ICP备案和新闻网站许可登记。但是，对于那些在各地设立单独运作机构的地方频道，则应视作单独的网站或分支机构进行管理。

当前，国家有关部门对于传统媒体的开办层次和数量已经有了较成熟的规定和规划，如规定报纸一般要求中央和省、市“三级办报”，电视提倡“二级电视”（即中央一级，省、市二级），广播要求中央、省、市、县“四级广播”。但是对于新闻网站却没有限制。在当前媒体自律机制还十分不健全、自我约束能力还比较弱小的情况下，为了防止新闻网站及其带有独立运营性质的地方频道出现过度膨胀，重蹈传统媒体治理前“小、散、滥”的局面，有关管理部门有必要针对膨胀势头更猛、膨胀更加便利、管理起来难度更大的网络媒体的发展格局尽早出台相关法规依据，尽早进行规划治理，以免出现先乱后治的被动局面。

转变文风和作风的逆动力

2012年12月4日，中共中央政治局召开会议，出台了改进工作作风、密切联系群众的八项规定。其中专门有一条直接针对改进新闻报道的规定："要改进新闻报道，中央政治局同志出席会议和活动应根据工作需要、新闻价值、社会效果决定是否报道，进一步压缩报道的数量、字数、时长。"另有两条涉及改进文件简报文风和严格文稿发表的规定，也与新闻和出版工作密切相关。至于要精简会议活动，切实改进会风，提倡"提高会议实效，开短会、讲短话，力戒空话、套话"，也对改进新闻工作有密切的指导借鉴意义。

十八大产生的新一届中央政治局刚开展工作就召开会议通过了改进作风的"八项规定"，其中有一条直接针对新闻报道，三条密切或间接涉及改进新闻报道文风和作风的规定。这在历史上和新闻出版史上都是少有的。这也从一个方面说明了我们新闻报道的一些做法，不仅老百姓未必满意，就是中央领导也认为有必要迫切加以改进了。

也正是因为此次"八项规定"涉及新闻报道工作的强度之大，新闻出版部门也是闻风而动。有的党报开始在头版展开了批评报道和舆论监督，有的地方党报专门开辟了改进作风的专栏，有的新闻报道形式变得更加简短、务实了。这些都是改进新闻报道作风和文风的好迹象。

我们在为新闻部门改进文风、作风而拍手叫好的同时，联系到新闻出版部门和新闻媒体历史上无数次阶段性乃至运动性的改进文风、作风，而且这些年也没少开展"三项教育""走转改"之类改进文风、作风的各项活动，我们对改进新闻报道的持久性与最终能否达到预期效果又不乏增添几分疑问和担心。

新闻史上，在延安时期，毛泽东就先后做了《整顿党的作风》和《反对党八股》的报告。1942年3月，中宣部还发出了党报改革的纲领性文件

《为改造党报的通知》，当时的中央机关报《解放日报》也闻风而动进行了改版，发表了改版社论《致读者》。毛泽东在《反对党八股》中更是对八股文风作了深刻批判，总结了“党八股”“空话连篇，言之无物”，“装腔作势，借以吓人”“无的放矢，不看对象”“语言无味，像个瘪三”“甲乙丙丁，开中药铺”“不负责任，到处害人”“流毒全党，妨害革命”“传播出去，祸国殃民”八条罪状。

随后又在1946年开展了“反客里空”运动，1948年刘少奇又发表了《对华北记者团的谈话》，都对改进新闻作风、文风提出了深刻的要求。在新中国成立后的1956年和1979年及之后又多次进行了新闻方面的改革。2002年以后还开展了文化体制和新闻出版体制方面的改革。但是，新闻报道的文风和作风转变离群众满意和领导满意还有很大的差距。为什么一次次的改革和改进都没有取得预期成效，甚至出现了较大的反复和倒退，这值得我们深思和探究。

是我们没有良好文风和作风的传统？非也。在中国的古代历史上也并不缺文风和作风的正面典型。历史上的史官尊重事实，不畏强暴、不惜牺牲性命也要秉笔直书的精神令我们现在的一些调查记者也不得不钦佩。《左传·襄公二十五年》记载，公元前548年，齐国的崔杼杀死了齐庄公。齐国史官如实记载说：“崔杼杀了他的国君。”崔武子杀死了这位史官。他的弟弟仍然接着这样写，因而死了两人。史官还有一个弟弟又这样写，崔武子就不得不作罢。还有一位南史氏听说齐国太史都死了，带着竹简前往齐国打算如实记载，在半路上听说崔杼弑君的史实已经记载了，才回来。如果把史官看作当时的“记者”，这种职业精神和职业作风可谓可歌可泣。

我们把今天的新闻看作明天的历史。换句话说，古代的历史也可看作当时的新闻。而且古时的“新闻报道”也不乏联系群众的作风。《左传》就曾记载有王官采诗之说。《孔丛子·巡狩篇》载：“古者天子命史采歌谣，以观民风。”《汉书·食货志》中记载，周朝朝廷派出专门的使者在农闲时到全国各地采集民谣，由周朝史官汇集、整理后给天子看，目的是了解民情。当时的采诗官被称为“行人”，如果换个角度理解，这些采诗官也算是当时的官方记者。

至于“批评报道”，其在古代君王统治的历史上也不是稀罕事。如《春秋》记载的崔杼弑其君、赵盾弑其君、许世子止弑其君，都可以算是“批评报道”。在《诗经》中，除了带有歌颂色彩的正声雅乐外，也有很多批评性的反映民生疾苦的民间歌谣。

既然我们历史上并不缺少尊重事实、联系群众、不畏强暴、敢于批评等诸多令人称道的文风和作风，现实中我们也不缺乏改进文风、作风的各项制度和领导的高度重视，那么我们为什么会一而再、再而三地为一个几乎人人都称道的形成良好文风和作风的问题而多次推动和角力呢？根本原因在于转变文风和作风有一个强大的逆动力或反动力存在。这个逆动力在宏观上表现为一个大的体制环境，在微观上是一些个人和局部的利益。这些既得利益者或不愿意因为转变作风和文风而触及自己的既得利益，或不愿意看到自己成为转变文风和作风的牺牲品。

殊不知，这些转变文风和作风的逆动力或反动力一日不消除，转变文风和作风就难以取得实效，甚至还会出现反复。

“洋绿坝”是怎样炼成的

工信部从2009年5月19日发布通知要求从7月1日开始所有的电脑厂商都必须安装上网过滤软件“绿坝”，到2009年6月30日宣布考虑到“一些企业提出工作量大、时间仓促、准备不足”可根据实际情况推迟预装，这项依靠技术手段来净化网络环境的“维新”活动从“强制”到“推迟”仅持续了41天。“绿坝”遇到的尴尬，其实并非国内仅有，可以说这是一个涉及网络管制与放开，以及怎样管制、管制的尺度等问题的世界性尴尬。

在美国，关于互联网的管与放的矛盾、冲突也是几经反复。作为互联网的主管部门联邦通信委员会也时常在多方力量的博弈中举棋不定，相关治理法律、法规几经兴废，其“绿坝”诞生的命运甚至比中国还要艰辛。

早在1996年2月，美国国会就专门通过了一项《传播庄重法》来治理网上的淫秽色情内容。但是，由于当时舆论环境以及法规本身的不成熟，这项本来出于好意的法律最终却在发布一年零四个月后“夭折”了。该法案规定：“禁止网页、在线新闻、网上论坛、网络聊天室等出现儿童色情、淫秽、猥亵和下流材料及任何‘公然冒犯’的内容，甚至也包括在网上讨论堕胎问题。”该法案同时也特别强调了对青少年的保护，规定“任何此类内容出现在18岁以下青少年可以看到的网站，相关网站及负责人均将被处以最高25万美元的罚款和最多两年的监禁”。然而，法律施行后立即引起有着自由传统的美国网络用户和非政府组织的强烈反对。包括美国图书馆协会在内的一些民间组织也开始向法院起诉，认为该法案对网络内容的控制涉及新闻审查，违反了美国宪法《第一修正案》中关于言论和出版自由的规定。最终，1997年6月26日，联邦最高法院以7∶2的表决结果，裁定该法违宪。

《传播庄重法》“夭折”后，美国立法部门和一些社会人士、组织，寻求通过法律手段保护未成年人免受不良网络信息危害的努力并没有停止。他们坚持认为《传播庄重法》中对于未成年人保护的成分符合公众利益。于是，1998 年国会通过了《儿童在线保护法》，并由克林顿总统签署实施。该法案强调了网上淫秽内容对未成年人的伤害，将惩罚重点集中在出于商业目的而进行的淫秽传播活动。法案规定："出于任何商业目的而在网上传播有害于未成年人的材料者，处以 5 万美元以下罚款或 6 个月以内监禁，或两者并罚""故意违反上款而不改者，按每天一次予以处罚，处罚标准同上"。此外，对违反上述规定的还可以附带"处以 5 万美元以内的民事责任处罚"。该法案虽然规定了对于不良内容提供商的追惩，但是并没有关于采取技术手段传播网络不良信息的规定。

直到 2000 年颁布《儿童互联网保护法》，这才标志"洋绿坝"在一定范围内获得法律的承认。该法案"对学校、图书馆等青少年公共教育场所的互联网使用做出规范，要求这类场所使用信息过滤系统或软件，以防止孩子接触网上有害内容"。2001 年，美国联邦通信委员会又根据国会的授权为该法制定了实施细则，具体包括："学校和图书馆只有采取有效的安全措施后，才可以接受外界提供的上网优惠服务；所采用的安全措施应能够对网上的淫秽、儿童色情、对儿童身心有害的内容进行遮蔽或过滤；学校必须对青少年在网上的行为加以监控；学校和图书馆必须采取措施，防止未成年人进入不良网站，确保未成年人在使用电子邮件、聊天室等直接通信方式时的安全，禁止未成年人上网参与'黑客'或其他非法活动。"

然而，即便有了法律撑腰，"洋绿坝"在美国的"扎根"仍然不是一帆风顺。《儿童互联网保护法》仍然遭到美国图书馆协会等组织的反对，认为它"阻止了学生和图书馆的赞助者们进入很多有用的网站，剥夺了人们的表达自由，因而违反了宪法《第一修正案》"。但联邦最高法院在 2003 年的裁决中，以 6∶3 的表决结果裁定在学校和图书馆使用网络安全过滤装置并不违反宪法《第一修正案》。至此，经过一波多折，历时 7 年之久，"洋绿坝"才在美国的学校、图书馆等青少年活动场所真正获得了"有限落地"的法律地位。

在澳大利亚，政府 2009 年开始部署的网页内容过滤系统也曾遭受比

“绿坝”更强烈的质疑。“澳洲绿坝”被一些用户指责为“对纳税人金钱的巨大浪费”。甚至出现了“近10万网民在社交网站Facebook上签名抵制这一系统的部署”的情况。在日本，2009年4月通过了《不良网站对策法》，其规定：“手机销售者或者网络服务提供商，必须无条件向有要求的用户提供有关的过滤软件。同时该法特别强调了父母有责任保护孩子避免受到不良网站的影响”。由于日本的过滤软件“FILTERing”，采取的是自愿免费下载，且按照青少年的年龄分为小学生、初中生、高中生以及无限制四个级别进行分级过滤的办法，日产“绿坝”所受抵触相对较少。

从“洋绿坝”最初受到公众的抵抗到最终获得认同，我们可以发现一些对于国内“土绿坝”推行可资借鉴的经验：其一，制度的制定与实施是一个政府与用户和社会组织之间反复相互协商和互动的过程，而不是一个单方强制执行的过程；其二，“洋绿坝”充分考虑到了群体与场所因素，采取的是针对青少年群体的分级过滤和特定场所内的强制过滤、其他群体和场所的自愿过滤以及家长监管的相结合策略；最后也是最重要的一点是过滤软件的技术得注重可靠与便利性。

媒体不当奴隶的美德

新媒体和信息技术的发展使人们对于虚拟社会的依存度越来越高。媒体作为“人体的延伸”，其现实替代作用也越来越强。这不光表现在人们接触媒体的时间越来越长，而且表现在人们越来越喜欢通过媒体体验来替代现实体验。媒体已经成了人们感知、认知外界事物的重要“器官”。

随着媒介感知和呈现的技术手段日益智能化、多样化和高科技化，媒介仿真程度也越来越高，以致有时媒介呈现的现实比人体现场感知的真实还要真实、壮观，受众的情感体验也比真正身临其境更加强烈、震撼。在受众的媒介素养、媒介批评能力没有与媒介技术发展同步，传播和接受双方存在较大的信息不对称情况下，媒体对社会和受众的影响也变得愈益明显。

然而，人们对媒体的倚重，特别是一些新媒体的依赖强度、黏度增强，其不能成为这些媒体绑架、贩卖和愚乐受众的理由。越来越多的媒体在点击率、流量、收视率、购买率、广告收益等经济考核指标面前已经将客观、公正和责任抛到一边，代之以刺激、夸张、煽情、性感、露骨、耸人听闻等更加迎合愚乐受众的手法。

如果经常留意一些网站的电脑桌面弹出页和一些新型社交媒体的手机页面，就会发现现在一些媒体用来服务受众和吸引受众的仍然是20世纪初期美国报纸黄色新闻时代的一些惯用手法。性、犯罪、丑闻、灾祸加上煽情和夸张的调味料成了媒体每天呈现给我们的不变的“大餐”“盛宴”，唯一变化的只是新闻事件的主人公和群体。

看看现在还有哪些群体没有被媒体爆炒、油炸、膨化和扭曲得面目全非后，再作为“美味”售卖给受众就知道了。从公务员（公务猿）、城管、专家（砖家）、医生、农民工、官二代、富二代、房产开发商、煤老板、娱乐明星，再到女大学生和教师、教授（叫兽、野兽、禽兽）等，纷纷被媒体日复一日、周而复始的运动式炒作，贴上了各种各样的标签。在炒作、夸张、丑化就是注意力的愚乐机器面前，甚至连媒体从业人员自身也没有幸免，记者变成了“妓者”。

以往人们批评媒体报道有失客观，往往认为媒体不再是反映社会的镜子，而成了聚光灯，照到哪里哪里才会亮。其实，这不过是媒体选择机制偏颇造成的。如今事实是，媒体的选择机制仍然缺少平衡和客观，只不过偏颇的性质和不良影响变得更加严重了。媒体的“聚光灯”已经不是照到哪里哪里亮的问题，而是照到哪里哪里就“漆黑”一片了。

在公务员因为一些人的腐败和灰色收入而使整个群体黯然一片，城管群体因为少数群体性事件成了过街老鼠甚至几乎人人可以喊打、拍砖的对象，医生群体也因为部分医疗事件、红包事件、药价虚高、医闹等与医德有关甚至无关的事件而被媒体褪下了白衣天使的形象，如今终于又轮到教育领域新鲜出场了。

细品一下，媒体拿教育领域作为贩卖的“美味佳肴”有很多得天独厚的优势。其一是安全。毕竟拿教师、学生作为炒作、调侃甚至恶搞的猛料，比拿普通公务员说事安全，更比拿有一定级别的官员开涮安全。相比之下，教师和学生属于弱势群体。其二是新鲜。媒体炒作也像烧菜、做饭一样，毕竟总不能老拿公务员、城管、医生、开发商“开涮”，这些已经被炒腻了的东西已经很难再满足受众越来越求新、求异甚至求怪的口味。其三是刺激。女学生、叫兽、犯罪和性，哪一项不是麻辣重口味，不是更能满足受众的喜好。

可以说任何一个群体都不是完美无瑕的，都有害群之马，都需要媒体和公众的批评、监督。而且，监督和批评社会也是媒体的一项重要责任。但是，批评和监督的根本目的是治病救人，是引起疗救的注意，而不是图文并茂地集中轰炸，重磅推出，最终导致整体抹黑，并以此作为满足受众口味的秘方大料。

公平公正原则是西方伦理学的一个基本原则。亚里士多德曾经说过：“精神美德就是在两个极端之间的正确位置。”西方学者也把“公平地充分地采访报道各阶层的受众”视为合乎道德的新闻价值观。作为媒体，本身承担着比一般机构和普通公众更重要的社会责任，其社会影响力也更加深远、持久和显著。但是，如果媒体放弃了客观公正的基本原则和社会责任，一味以刺激、夸张、煽情的手法，以不断牺牲社会各个群体的整体形象为代价，并以此来作为满足受众的娱乐和恶搞需求，其结果无异于饮鸩止渴，最终将被各个群体所诟病。

习近平 2014 年 10 月在文艺工作座谈会上提出，文艺不能当市场奴隶。对当前已经市场化的媒体来说，想不受市场利益影响已经越来越难。记住自身的责任和公正客观的美德已经成为考验媒体是否成为市场“奴隶”的最基本的底线。

职业伦理缺位：新媒体的新问题

我国新媒体编辑的数量一直缺少一个较为权威的统计。早在2007年就有媒体报道称，根据我国的网站数量估算，当时我国拥有网络编辑人员近300万，而传统媒体有编辑、记者75万人，网络媒体从业人员在数量上已远远超过传统媒体。且有关机构预测，未来5年内，网络编辑需求将呈上升趋势，总增长量将超过30%。上述估算，可能包含了兼职从事网络编辑职业的人数。但是，如果加上手机、电子书等其他新媒体编辑人员数量，可以肯定地说，我国新媒体编辑已经发展成为一个数量可观的职业群体。

然而，在新媒体编辑发展成为一个以百万计的职业群体后，我国新媒体，哪怕是专门的网络编辑的职业道德规范却没有建立健全。目前，我们还没有一个统一的、具有新媒体或者网络编辑职业特点，专门调整新媒体或者网络编辑的职业道德规范，这导致了新媒体道德失范、违法、违规现象十分严重。

主要表现为虚假信息、低俗信息、淫秽色情信息泛滥，偷拍侵权现象严重。一些网站和手机媒体不仅内容低俗露骨，标题夸张煽情，大量使用“美女”“嫖客”“裸死”“性感”“色诱”等带有性暗示的词语来吸引眼球，刺激人的窥视欲，而且有的连网站名称也让人想入非非，充满了赤裸裸的性诱惑和低俗淫秽色彩。“123性爱影院”“白骨精公社”“黄色A片电影”“美女导航”“激情电影免费观看”“成人午夜场”“香港激情性爱影院”……网络低俗色情的猖獗泛滥，从这些已经被广电总局关闭的视听网站名称就可窥见一斑。

仅仅在2009年年底和2010年年初全国各地开展打击手机网站传播淫秽色情信息专项行动中，短短的3个月时间内，有关部门就已依法清理、关闭包括手机淫秽色情网站在内的违法、违规网站14万多个。通知删除淫秽色情和低俗信息130多万条，清理淫秽色情图片85万多张，查处了30

多部淫秽色情网络小说和15款色情手机游戏。

由于专门的新媒体或网络编辑职业道德规范的缺位，目前新媒体编辑人员的职业伦理只能参照《中国新闻工作者职业道德准则》《中国出版工作者职业道德准则》和《中国互联网行业自律公约》等相关道德规范来要求约束自己。但是，这不仅存在张冠李戴、道德规范与约束对象之间错位的问题，而且无法解决新媒体出现的一些新的伦理问题。

首先，新媒体编辑并不是传统的新闻工作者和出版工作者的范畴可以涵盖的。从新媒体编辑的从业范围来看，其中一部分新闻门户网站、手机报和传统媒体自办网站的编辑人员所从事的是与传统新闻工作者相似的职业，一部分电子书、电子期刊和没有新闻采编任务的新媒体编辑从事的是与传统出版工作者相似的职业，另有一部分视听音像类新媒体编辑则从事与广电从业者相似的职业，还有一部分新媒体编辑，或者由于新媒体的融合性而兼具多种传统媒体工作者的特性，或者由于新媒体的创新性而无法划归到任何传统媒体工作者中去。

这使得传统意义上的任何一个新闻、出版或广电工作者的道德规范都无法适用新媒体编辑。至于中国互联网协会制定的《中国互联网行业自律公约》以及后来中国互联网协会分支机构、互联网新闻信息服务工作委员会制定的《互联网新闻信息服务自律公约》都是针对互联网服务行业机构的。前者甚至包括设备制造、系统集成和网络服务商等专门机构，并非针对网络内容制作、编辑与策划人员的。

其次，新媒体、新技术运用中出现的一些新情况、新问题，使得传统媒体的职业伦理鞭长莫及、爱莫能助。美国学者约翰·V. 帕弗里克在论述新媒介的伦理问题时曾列举过这样一些“棘手”的例子——“一名摄影记者调暗了一名被控性犯罪的名人照片以使得他的脸在国内一份新闻杂志上显得更阴森而恐怖……一位发行人发表了一幅由高分辨率卫星成像拍摄的一位著名的公主在加勒比私人海滩上度假的照片”。

其实，这种新媒体和新技术带来的伦理难题还有很多。比如，全景视频摄像技术可以让所有在场的人，不管是否面对镜头，都成了被曝光的对象。臭名昭著的红外摄像机可以穿透人的衣服，使大街上任何一个男、女的隐私一览无余。远程成像技术可以轻而易举地获取你在家中后院的情景。配有遥控摄像机的无人空中飞车可以从外层空间对你的行动进行拍摄。数字化图像编辑合成技术，可以任意删减或增添事件现场的出席人物。数字化的音频技术可以利用已有的声音样本，通过技术上的重新排列，制作出包括总统演讲在内的任何足以以假乱真的声音。一项被称作“时间压缩”的技术，则可以加快声音的播出速度，从而压缩出更多的广告时间。丰富多彩的 PS 技术不仅可以通过电子喷枪配图颜料和其他技术手段使内衣或化妆品模特的肌肤更加光滑诱人，而且可以通过技术处理对模特进行增高瘦身，从而使模特身材更加高挑纤细，完美无缺。这些都涉及新媒体从业人员的职业伦理问题。

职业伦理规范作为一种自律机制，具有法律、法规等硬性控制手段无法替代的优势。面对新媒体及其新技术应用和新的传播形态中出现的新伦理问题，亟须建立适合新媒体编辑的职业道德规范，以新媒体人的自律约束配合他律机制，营造一个更加绿色、健康的新媒体生态环境。

怎样防止灾难报道“走偏”

研究了一下2012年夏天的灾难报道，发现我们的灾难报道经常“走偏”。常见的情形有：坏事变好事、灾难变“热点”、灾难变炒作、灾害变伤害、灾难变谣言……

灾难变“热点”、变炒作，不顾灾情本身转而追逐其他更能引起阅读兴趣的“热点”。2012年8月26日凌晨2时许，陕西省延安市境内的包茂高速公路发生一起特大交通事故，一辆双层卧铺客车和装有甲醇的罐车追尾，并致两车起火，事故确认共有36人死亡。这样特大的灾难新闻不仅缺少对灾难原因从车辆、交通等社会、管理和技术层面的挖掘，以及对交通灾害防灾知识的普及与类似灾害的防范，最后却演变成对质监局长瞬间表情的声讨和对“表哥”以及随后衍生的“表叔”“表姐”的调侃。媒体在延安境内特大交通事故灾难报道的主题最终也因为追逐受众仇官、仇富的心理“热点”而转换成反腐、反贪报道，演变成针对陕西省安监局局长杨达才个人的声讨与“人肉”围剿。

类似的不顾灾难原因挖掘而一味追踪“热点”的实例还有关于哈尔滨市阳明滩大桥引桥坍塌的报道。哈尔滨市阳明滩大桥引桥坍塌事件本来可能蕴含着设计、施工、监理、管理和政府行为等多种潜在的因素，但是当延安境内特大交通事故发生后，媒体不约而同地转向了更加能够引起“轰动”的“热点”。毕竟哈尔滨大桥3人死亡的事故无法和延安境内36人死亡的事故在卖点和热点上相“媲美”。这种不顾灾难本身，不从灾难预防与减少类似灾难发生的角度出发，一味追踪“热点”的行为实在是不负责任的做法。

坏事变好事，灾难成为某些人自我表扬和作秀的良机。2012年7月21日，北京市发生暴雨到大暴雨天气，全市平均降水量170毫米，为自1951年有完整气象记录以来的最大降水量。据2012年8月5日，北京市防汛办通报，北京“7·21”特大暴雨山洪泥石流灾害遇难者总人数达到79名。但是这样一个造成重大人员伤亡和财产损失的重大灾害同样缺少深刻的反思与警醒，最终留给人们印象最深也是在媒体上炒作最持久的竟然是崔永元等明星请民工吃饭等“星”闻报道。同样让人难以接受的是几乎每一次重大灾害报道，最终都会被“正面宣传”的惯性演变成一些“可歌可泣”的“好人好事”典型宣传。

灾难变娱乐，缺少应有的严肃、客观、科学等专业精神和人文关怀，热衷满足于人们的窥视、暴力等不良心理。2012年7月13日，因受持续多日强降雨影响，武汉市主城区部分道路被淹，市区交通受阻，有的地区街道上水流湍急，最深的地方近两米。自2012年7月3日以来的暴雨灾害已造成湖北90个县、市、区不同程度受灾，受灾人口786万人，因灾死亡25人、失踪2人。然而这场灾害最终也同样被媒体娱乐化，一幅幅凝聚着好事者PS“才华”的武汉可以“看海”的图片在网上疯传，灾害就这样被轻描淡写、一笑而过地“消费”了。

不仅如此，这场灾害最终还演变成谣言。水灾发生后，一张“有图有真相”的“武汉市质监局领导出行四人抬轿”图片在微博上热传并被其他媒体反复转载传播。最后证明这张领导雨中坐轿的图片其实是虚假新闻。事实是：所谓的“领导”实为医务人员。“记者调查发现，照片中的两人是武汉市黄陂区疾控中心的工作人员，因为长时间在雨中浸泡、抢险引发了身体不适，待病人、妇孺撤离完毕，他们坐上运送病人的木筏离开。”

灾害变伤害，不顾受害者或其亲人的心理感受和职业伦理，一门心思只知道“抢”新闻、“挖”新闻。在一些灾难报道中，一些媒体习惯于“原生态”“零距离”地展示血腥的场面，不仅缺少对死者的尊重，而且还会对一些受众，特别是未成年人产生不良的心理影响。有的媒体则不顾受害者家属和受害者本人的心理感受，一味让受害者及其家属讲述、回忆那些给他们带来心理创伤的场面、情景，使他们无形中造成心理上的二次伤害。美国职业记者协会的《职业伦理规范》中有这样的规定：“当采访受到悲伤事件影响的人们或使用图片时，记者要有同情心，谨慎使用图片。要认识到采访和报道可能会对采访对象或公众引起伤害和不安，自以为是地追逐新闻是不可取的。”我们的一些媒体在灾难报道中缺少的正是这种人文关怀与职业伦理精神。

灾难报道的本意是通过对灾难原因的挖掘来预防与减少灾害的发生。但是，很多灾难报道却背离了这个本意，最终演变成与灾难无关的报道，游离于防灾、减灾的主题以外，甚至异化为谣言和娱乐。如此，将无益于社会，甚至误导公众。

空难报道中的职业伦理与终极追问

不管从事何种职业，也不管国籍、种族如何，人们总有一些最基本的普遍性伦理原则，比如人道主义、集体主义、公平公正、平等尊重、诚实守信等。这些都是大多数人所遵奉的。克利福德·G. 克里斯蒂安等学者在其合著的《媒介公正：道德伦理问题真的不证自明吗》一书中就专门提到了“五个伦理学准则”，其中就包括“为大多数人寻求最大的幸福”“只有当忽视一切社会差别时，正义才会出现”“像爱你自己一样爱你的邻居”等最基本的伦理学准则。

但是这些最基本的伦理准则往往被铁肩担道义、妙手著文章的“无冕之王”及有着一定道德引领责任的新闻工作者所忽视。在韩亚航空的旧金山空难报道中就曾出现过一些这样的不和谐音——2013 年 7 月在报道韩亚航空客机失事事件时，韩国《东亚日报》下属“A 频道”主持人报道称，“最新的消息是 2 名中国人而不是韩国人在事故中死亡，从我们的立场看，真是万幸啊”，此言引发了中韩两国观众的强烈质疑和不满，有网民直接称“无人性”。随后，韩国放送审议委员会为此发表公告称，这次事件涉及外交层面，将对“A 频道”节目进行停播审查。

就像我们不能对别的国家发生地震和核泄漏而兴奋的道理一样，庆幸 2 名遇难者是中国人而不是韩国人，表面看似“爱国”，其实它违背了做人的最基本原则——对别人的灾难不是同情，而是幸灾乐祸。不仅如此，它更违背了新闻工作者的基本职业准则。

受到西方新闻界广泛认可的美国职业新闻记者协会（SPJ）1996 年 9 月制定的《职业伦理规范》中明确提出新闻记者应该检查自己的文化价值观念，并避免将这些价值观念强加给别人；观察人时不要被民族、性别、年龄、宗教、种族、地理、性取向、是否残障、外貌或社会地位这些因素框住。该规范还提出了“减小伤害”原则，要求新闻记者应该“对那些可能因为新闻报道而受到负面影响的人们表示同情”。韩国这家电视台的主持人庆幸 2 名遇难者是中国人而不是韩国人的做法明显违背了新闻报道应该客观公正和减少伤害的原则。不仅没有检查自己的价值观，没有做到不因受害人的民族、种族而区别对待，而且对受害人家属造成了二次伤害，也伤害了他国人民的感情。

韩国新闻协会、韩国新闻广播编辑人协会、韩国记者协会联合制定的《新闻伦理实践纲要》（1996 年）中专门列出了“对灾难等的采访”条款，要求“记者在采访灾害或事故时，不得损害人的尊严，或者妨碍受害者的治疗，对受害者、牺牲者及其家属应保持适当的礼仪”。其关于社会责任的条款中也明确提出了“不能以特定地方、宗教、人种等为理由，有差别地对待个人”。显然，韩国这家电视台的做法既违反了一些最基本的伦理学准则、国际通识的新闻规范，也违背了自己本国的新闻伦理。

类似这种对别国和他人灾难幸灾乐祸的做法，美国媒体在报道韩亚空难失事的机组人员名单时也犯了同样的错误。美国加利福尼亚州奥克兰市的 KTVU 电视台在午间新闻中，播报了一份被认为是坠毁的韩亚航空 214 航班飞行员的名单，将 4 名飞行员称为“Sum TingWong ”“WiTu Lo”“Ho Lee Fuk”“BangDingOw”，并称信息来源于美国国家运输安全委员会。美国有线电视新闻网随后分析称，这份名单颇具冒犯性，前三个名字根据发音，很可能是“出事了”“我们飞太低了”和“该死的”的英文说法，而最后一个名字则可能是飞机坠毁过程中的各种声响。韩亚航空公司 2013 年 7 月 14 日曾发表声明称，正考虑对因播报“不准确且无礼”的飞行员名单的 KTVU 电视台提起诉讼。如此恶搞失事航班飞行员名单的做法，也是不严肃对待灾难报道，有违新闻职业伦理的一种表现。

我们为什么报道灾难，是因为我们天生喜欢传播“坏事”，喜欢围观别人的伤痛，消费别人的痛苦吗？肯定不是。即便一些人有这种窥“阴（暗）”之癖，媒体也不应该花时间和精力推波助澜。如此，当我们连篇累牍、图文并茂，动用新老媒体全方位报道灾难的时候，我们就不应该以满足吸引那些热衷窥视和消费别人苦难的眼球为目的，我们想到的就不应该是收视率、阅读率和转发率，更不应是仅仅盯着为此带来的广告等经济收益。

我们报道灾难的终极目的，除了告诉人们灾难发生的事实，反思灾难背后的原因之外，告知人们如何防范灾难的再次发生，避免悲剧重演，才是灾难报道的意义和价值所在。相反，一些媒体仅仅盯着灾难的“震撼”场面、无中生有的灾难“灵异事件”、死亡赔偿金额有多高多“诱人”，以及无节制地展示灾难家庭的痛苦体验等诸多吸引人们眼球的东西，甚至颠倒黑白将坏事变好事，不顾客观事实大肆宣扬领导重视，或者睁着眼睛说瞎话报道遇难家属怎么“情绪稳定”等与灾难报道格格不入的东西。如此必然导致灾难报道背离其本意。

在韩亚航空旧金山这场空难中，虽然有一些媒体做法有违职业伦理和人文精神，但是也有一些媒体的做法值得称道。比如，有的媒体以《韩亚空难游学团有猫腻　收费近 3 万中介层层转包》为题，反思“此次游学团行程安排被中介层层转包，费用较高，游学徒有虚名”等问题。有的媒体以《韩亚空难带给我们的思考：并非所有竞争都是正向的结果》反思了国内外航空业激烈竞争带来了“企业追求利润最大化，千方百计降低成本，很难保证投入足够的资源保证安全”等众多安全隐患问题。还有一些媒体则直接质疑韩亚空难机长仅 43 小时波音 777 飞行经历的资历问题。这些反思和质疑是真正有益于减少灾难的声音，在准确报道灾难事实之外应该成为灾难报道的主流。

美国职业新闻记者协会（SPJ）的《职业伦理规范》（1996 年制定）开篇这样写道：“职业新闻记者协会成员相信，公众的启蒙是正义的先驱，民主的基石。新闻记者的职责就是通过追求真实，提供关于事件和问题的全面公平的叙述，达到启蒙公众的目的。来自所有专门领域和媒体的有责任感的记者，都应努力彻底和忠实地为公众服务。”这段话对于从事灾难报道的媒体和记者有着特别的启发意义。在灾难报道中，媒体和记者应该准确把握灾难报道的真实目的，本着预防和减少灾难的本意，恪守真实、客观、公正的准则做好灾难报道，同时勿忘启迪公众和服务社会的根本职责。

空难报道中的人文精神与科学素养

新闻报道并不是简单地记录事实、传递信息，还肩负着舆论引导、弘扬主流价值观和文化传承等一定的意识形态职能。这就要求新闻工作者在传播信息和传承文明的工作中，必须自己要有正确的价值观，这样才能不会因自己的价值观偏颇而影响甚至误导公众。2009 年新修订的《中国新闻工作者职业道德准则》也明确要求新闻工作者要发扬优良作风，“要树立正确的世界观、人生观、价值观”。

然而，在 2013 年 7 月韩亚旧金山空难中，一家中央级媒体的一篇报道竟然在基本价值观导向上犯了一个不该犯的错误，导致其在微博等新媒体上受到了网民们的广泛嘲弄和批评。该媒体 2013 年 7 月 9 日刊登了一篇《花谢旧金山》的纪念两名遇难女生的文章，第一个小标题下方，赫然写道：“如果她们在世，知道浙江省委组织部部长蔡奇在关注她俩，王琳佳也许会惊喜地睁大了眼睛，笑眯眯的，而叶梦圆也许不敢相信地跳了起来。”此文发表后，复旦大学新闻学院教授陆晔读了这篇文章后批评称：“非常震惊。记者怎能写出如此段落……这不仅是基本的新闻伦理问题，更是基本的做人底线问题。”微博上各种批评言辞之激烈超乎想象，“这分明就是‘纵做鬼，也幸福’式马屁文体的传承，‘无耻’‘恶心’‘堕落’‘令人作呕’的呵斥声不绝于耳”。

该报道之所以受到专家学者和广大网民的反感，除了写作上采用合理想象的做法有违新闻报道的真实性原则，更主要的是其基本价值观存在偏差。作者在文字背后隐藏着一定的媚官和官本位心理。中国人民大学政治系教授张鸣就认为：“这段文字中体现的谄媚之态非常明显。”有的专家更是一针见血地指出：“该文不仅极尽溜须之能事，虚构死难两学生听到某领导关心的激动，而且大肆渲染两学生生前的生活细节，既亵渎死者又令生者反感。”

人文社会科学素养是个人素质的深层次构成要素，反映了一个人所具有的人文社会科学知识水平以及在此基础上形成的价值取向和社会实践能力。具备人文社会科学素养将有助于树立正确的人生观和世界观，拥有基本的价值观判断，学会科学地认识和理解政治、经济、社会、文化、历史等各种现象及发展规律，科学地理解和看待自身和外部世界。无论是专业新闻工作者还是普通自媒体用户，在新闻报道和信息传播中所表现的伦理缺失和认识偏差都与他们的人文社科素养欠缺有很大关系。

灾难的发生总有一些客观或主观的触发因素，或是天灾或是人祸。这些原因总是客观存在的，不是意识的产物，不是凭空产生的，更不是因为上天安排、神灵惩罚，或者某种灵异现象、超自然力量所导致的。这是最基本的科学常识。但是，一些媒体，主要是新媒体如个人微博、微信等自媒体，为了哗众取宠、吸引眼球，往往对一些灾难事件进行“另辟蹊径”的解释，将灾难事件神秘化、灵异化。这种在报道和信息传播中装神弄鬼的做法是典型缺少科学素养和职业责任的表现。

在韩亚航班的旧金山空难事件中，一些媒体和个人微博、微信就拿两个遇难女孩微博上的最后博文“go”和“4444”做文章。如有的微博写道：“两位遇难的女同学微博最后留言，一个写 go，一个写 4444，合起来念去 4？真的太灵异了。无法理解。”还有的故弄玄虚：“两个孩子，潜意识是不是知道了什么？还是巧合。留言是 go 和 4444。”事实上，稍有科学常识的人都不会认为空难以及两个孩子的遇难和这两条微博会有联系。

2009 年新修订的《中国新闻工作者职业道德准则》明确提出新闻工作者要“宣传科学理论、传播先进文化、塑造美好心灵、弘扬社会正气，增强社会责任感，坚决抵制格调低俗、有害人们身心健康的内容”。这种在报道中违背科学常识的做法，不仅显示出自身的科学素养欠缺，而且明显违背了新闻工作者的职业准则。

相反，从事科学传播的公益团体微博“科学松鼠会”则从科学的角度解释了人们对于乘坐飞机哪一区段最安全的疑惑：“从飞机结构来说，机身中段是最坚固的部分，但中段恰恰也放置着油箱，如果坠机时还有剩余燃油，爆炸也将在这里发生。机尾部分的乘客有过在爆炸时成功逃生的先例。但如果飞机因失速坠毁或在最终进近时发生事故，机尾又成了最危险的地方。”还有的人通过微博普及了为什么乘飞机应该系好安全带的安全常识：“高空气压小，民航飞行器的机舱都会在飞行时增压。一旦机舱破损，压强差会使舱内的增压空气瞬间排出，同时排出的还有所有未固定的人和物。因此飞机巡航时也尽量不要解开安全带，它除了在颠簸时保护你不会撞到头之外，还能在突然失压的瞬间保护你不被吸出去。”

他们虽然不是专业的媒体和职业新闻人，但是这些做法却体现了他们在灾难信息传播中的责任和品格，值得那些缺少科学素养和社会责任的媒体去学习。公众自然科学素养与人文社会科学素养一起，构成了一个人文化素养的两个主要方面。新闻从业人员在提高人文社科素养的同时，还必须补上科学素养这门课，唯有如此，才能写出高质量、有文化层次的灾难报道。

第七章

新闻传播学遐思

面对媒介技术移动化、社交化和媒介管理体制市场化转型的多方挤压，当前的传媒实践和传媒教育都出现了一些前所未有的问题，存在这样、那样的困惑和危机。传播学教育出现了该怎样发展的难题，一些还在为选择专业犹豫甚至已经进入新闻传播学专业的学子，常常为究竟该不该读新闻传播学专业而困扰。一些已经从事新闻传媒职业的从业人员也往往面临着一些最基本的新闻理念与价值上抉择的焦虑和冲突。有必要对当下新闻教育和传媒实践所面临的一些基本问题做一些学理层面的思考。

究竟该不该读新闻传播学专业

2014年高考成绩公布后，一则记者苦劝高考“状元”莫报新闻学专业的消息引发了舆论关于该不该报考或学习新闻传播学专业的热议。据《现代快报》2014年6月27日报道，2014年江苏省高考理科“状元”吴呈杰原本对北大新闻专业很感兴趣，但“这两天，所有采访我的记者都不建议我读新闻”。于是，小伙子矛盾了，“我在考虑要不要读金融”。

由于这条消息发布正值2014年高考学生填报志愿之际，这一事件的关注度和影响力都达到了比较高的水平。其实，类似的记者劝考生莫报新闻专业的消息已经不止一次被报道。2013年，媒体就有过北京某高三女学生欲报考新闻学专业，记者当场劝阻称压力大，工作不定时，女生入行要慎重的消息。

与记者劝考生莫报新闻传播学专业等正规媒体报道的消息相呼应的，还有很多各种各样调侃、嘲弄新闻传播学专业和新闻传播职业的“段子”类“小道消息”。如网上流传的一首题为《2014新闻专业招生简章》打油诗这样写道：“刚高考完毕，送给有志于新闻学专业的莘莘学子：理科毁一生，文科穷三代；你若学新闻，脑子被烧坏；值班干通宵，终生满街跑；记姐尚未嫁，记妹色早衰；学长已谢顶，学弟天然呆；神州殴记多，总有你的菜；没有金钟罩，跆拳须黑带；面对大砍刀，还得少林派。终年无假期，手机须常开；突发急先锋，现场冲前排；新闻不归路，微笑等你来。”

不能不承认，这首打油诗写得生动形象且朗朗上口，多半是出自有些才情和闲情的新闻同行之手。如果没有从事新闻教育工作，没有和新闻学生打交道的经历，我多半也会在微博、微信上转发这首打油诗或“段子”以获取一些“点赞”的“人气”。但是，考虑到很多刚刚高考完的学生正在苦于为自己选择未来的职业发展专业而犹豫不决、优柔寡断之际，任何一条信息，哪怕是无端的调侃，都可能影响到考生一生的选择，甚至因此影响考生人生的轨迹，我只是默默地收藏了这条信息。

没有从事新闻传播教学工作的人，可能无法体验学生在新闻传播类专业和职业选择上的“脆弱”。这样的“脆弱”一半来自即将面临的沉重的就业压力，一半则来自学生心理上尚未完全成熟，加之对外面的就业世界缺乏充分了解所带来的对未来职业的迷惘。不仅高考考生在填报专业志愿时显得无所适从，就是已经录取到大学里的大学生也同样还会对自己已经选择的专业产生犹豫和怀疑。

由于我所在的省份和学校公开允许学生在大学期间自由选择转到自己喜欢的专业，虽然转到有些“热门”的专业会存在一些竞争，但是那些执着的学生基本上都能实现自己的梦想。也正因为学校允许学生大学期间转专业，我所了解的一些新闻传播类学生从大一到大三都在纠结自己是否应该读新闻传播类专业。他们想转换的专业也是五花八门：有的要转到外语类专业，有的要转到经管类专业，有的要转到艺术类专业，还有的学生对机械设计感兴趣，也有的要去学习饰品设计……当然，从各种各样专业转来学新闻传播学的也大有人在。从我所在的学校来看，总体上，怀着做新闻传播工作的梦想转到新闻传播学专业的学生远大于转出的学生。

每当有学生来征求我的意见要不要从新闻传播学转到别的专业的时候，或者我去征求那些已经决定申请转出新闻传播学专业的学生意见的时候，我常常也在纠结要不要劝他们留下来，他们或许会听从我这做老师的意见而改变自己的犹豫或已经做出的选择而留在新闻传播学专业。但是，我都没有这样做。

不是我没尽到自己指导学生的责任，也不是我没尽到“保卫”自己所从事新闻传播学专业的职责，而是我相信所谓专业和职业选择是没有统一标准的。没有任何一个专业或职业，包括那些所谓的热门专业和职业，是适合所有人，是永远的“热门”。每个人都有选择自己的专业、职业，实现自己梦想的权利，只要他的选择是慎重的，是适合自己或是自己喜欢的，我都会鼓励他们去实现自己的梦想。

从我个人的经历来看，我也是从一个与新闻传播专业毫不相干的专业慢慢通过自考、考研、考博，直至做博士后，转行到新闻传播学专业的。从职业选择来看，也是经历企业、媒体、机关工作，再到现在的学校教学工作的转换。但是，除了最初的企业工作经历与新闻传播专业无关，后来一直从事的是新闻传播类实践和教学研究工作。我并不后悔自己的专业和职业选择，而且认为新闻传播实践和教学研究工作是一项很有意义也很让人感兴趣的工作。

虽然我所做的新闻人有关研究和具体从业经历也发现，一些新闻从业人员承受过很多职业带来的压力、苦闷，甚至屈辱、伤害。特别是在一些新闻媒体单位市场化之后，很多新闻从业人员职业稳定感、荣誉感进一步降低，使得很多新闻从业人员对职业的评价也开始进一步走低。于是，各种调侃新闻传播职业的"段子"开始流行，出现了一些新闻人的自我调侃"已由自嘲升级到自辱"的状况。但是，我认为，如果一个人对新闻传播类专业和职业有兴趣，新闻传播类专业和职业仍然是一个不错的选择。

在一个人人都离不开信息和媒体的世界，新闻传播人员从事的正是一个人人都需要、离不开的职业，这正是新闻传播工作的意义所在。虽然新闻传播工作会和其他工作一样存在各种各样的"痛"，但是只要你有兴趣，肯为理想努力，一定会"痛并快乐着"。

新闻传播高层次应用人才培养的五个需求点

2013年11月18日国务院学位委员会发布《关于开展增列硕士专业学位授权点审核工作的通知》，其中与新闻传播行业密切相关的新闻与传播专业硕士和出版专业硕士明确列入了36种专业学位的增列申报范围，由此拉开了全国各地高校角逐申报以培养新闻传播类职业应用型人才为目的的新闻传播类专业硕士的序幕。由于此次专业学位的增列工作以积极推进学位授权审核办法和研究生培养模式改革，突出专业学位人才培养要求为导向，不再以是否已经具有相关学术硕士点为限制，即不以学术性学位授权点作为增列应用型专业学位授权点的必要条件。一些没有相应学术硕士点的单位也加入了申报行列，使得各地申报新闻传播类应用型专业硕士的申报工作竞争更加激烈。

新闻与传播类专业硕士教育是满足新闻传播行业、政府机关、企事业单位对新闻与传播类高层次应用型人才的需求，重在培养学生的应用能力、实践能力和创新能力的一种教育模式。完全有别于传统的以培养学生的科研能力为主的新闻传播学术型硕士。因此，重视职业能力培养、密切把握行业需求是新闻传播专业硕士培养的重要导向与根本要求。此次在全国范围开展专业学位授权点增列工作，也正是呼应国务院学位委员会第三十次会议提出的“要以服务国家需求为导向”的目的。

传媒产业既具有经济产业属性，又具有意识形态属性，是反映一个国家和地区文化软实力的重要产业。目前国家和一些地区都在大力发展文化产业，对作为文化产业核心产业的传媒产业的发展提供了新的机遇，传媒产业对于新闻传播人才的需求有了新的增加。与此同时，政府部门出于建设透明政府、服务政府，建设和谐社会的需要，对新闻发布、舆情监测方面的人才也有了新的需求。而经济的快速发展使得众多企业单位为了提高品牌和营销战略，对于新闻传播类高层次应用型人才的需求也大幅增加。

新闻传播类专业硕士是培养高层次应用型人才的重要载体。相比较而言，以往传统意义上的新闻传播人才培养模式已经难以满足新媒体、新技术、传媒业自身快速发展和经济社会发展对大量高层次应用型人才的迫切需求。新兴媒体和新闻传媒行业的快速发展，使得既熟悉新媒体技术又具有扎实新闻传播理论和熟练技能的综合应用型人才的需求正日益旺盛。在当前新媒体、新技术快速发展、经济社会快速转型的情况下，新闻传播类高层次应用型人才的培养应该瞄准行业和社会的最新需求，重点加强以下几个方面的人才培养。

第一，新兴媒体和行业发展的自身人才需求。随着手机、移动阅读终端、网络视频等新媒体的快速兴起，传统媒体行业开始向新兴行业的迅速转型，具有新媒体采编能力，同时又熟悉新媒体技术和运营能力的综合型新媒体人才的需求开始大幅增加。据新华网、新京报等媒体报道，“曾有业内专家预测，未来3年到5年内，中国新媒体人才和媒体融合人才的缺口在60万到80万人之多”。虽然这个数据只是预测数据，难以准确认定，但是从目前新媒体的发展趋势以及目前全国拥有的300万网站数量来看，这个预测是有一定说服力的。

第二，政府企事业单位应对新媒体、新技术发展的人才需求。随着互联网与人们生活日益紧密，我国网民数量不断增长，已经近6亿规模，接近总人口的一半，加之微博、微信等新媒体传播形态的不断出现，政府和机关事业单位如何做好网上舆论、引导、监测和便民服务、沟通工作，企业如何利用好网络媒体做好形象宣传、品牌推介和产品推广工作，都需要大量既能掌握新闻传播规律，又能熟悉新媒体属性的从业人员。据估算，仅全国各级政府机关事业单位对于新闻发言人（含网络新闻发言人）及舆情监测人才的需求就在10万人以上，而目前国内专门培养新闻发言人的专业尚少有专门设置，无法满足当前机关企事业单位对于新闻发言人职业化的需要。

第三，媒体竞争加剧与新媒体的快速发展导致对深度报道和高水平新闻实务人才的需求增加。微信、微博等社会化媒体的快速发展，使得各种动态信息传播实现了即时化。突发事件和最新消息的传播往往首先在社会媒体和自媒体中快速扩散。传统媒体以及包括门户网站在内的一些“新媒体”在与社会化媒体的竞争中已经失去了时效性的优势。只有通过挖掘动态信息背后的深度信息，依靠信息质量取胜，才能取得竞争优势，同时，也才能满足人们渴望了解新闻背后真相的需求。这样导致了传统媒体，包括一些新媒体必须加强深度报道，提高传播内容的质量。从而增加了对深度报道人才的需求。新闻传媒业作为一个实践性强的行业决定了新闻行业对精通新闻业务的高素质应用型人才的需求。而传统媒体对已有人才技能升级和人才更新需求也迫切需要新闻传播教育加大对于新闻实务人才的培养。众多广播、电视、报纸、期刊、出版社等传统媒体的转型升级也需要对现有大量从业人员进行知识和技能的全方位培训。笔者所进行的一些新闻人调查也显示，目前新闻从业人员中具备硕士以上学历的高层次人才只在10%左右。这与新闻传播行业的高智力型、高创造性要求难以匹配。

文化强国目标的实现需要加强影视传播和艺术传播人才的培养。影视、艺术及相关产业是文化产业的核心产业，也是文化产业的重要组成部分。大力培养高水平影视、艺术品生产、制作、策划和艺术传播人才对加快文化强国战略的实现具有重要意义。而人们天生对视觉信息和艺术品的偏爱及视频网站、手机视频等视频类媒体的快速发展，也导致了社会对影视和艺术传播类应用人才需求的增加。

经济文化的快速发展导致各类企业对传媒创意和品牌传播人才的需求增加。经济文化的快速发展必然离不开对广告设计、品牌传播人才和创意人才的大量需求。一些发达地区，如长三角、珠三角地区市场经济活跃、企业数量众多，培养符合广告、传媒和生产营销类企业需要的传媒创意和品牌传播的应用人才既有较大的市场需求，又能更好地服务地方经济和社会发展。

此外，国际交往频繁，跨文化传播人才的需求也在增加。随着对国家软实力、国家形象宣传的重视，国家和省、市层面的对外传播人才也开始增加，而既熟悉国外文化背景又掌握现代新闻传播技能的高层次应用人才将会更受欢迎。

新闻学研究的“灯下黑”

新闻传播活动最直接的参与者只有两种人：传者和受众。但是相对于我们对于受众了解的热情，我们对传播者的研究却是那样冷漠。对于受众，我们不但对不同性别、不同群体、不同年龄、不同群体的阅读/收听/观看喜好、阅读/收听/观看时间、阅读/收听/观看方式、阅读/收听/观看心理进行反复调查揣摩，而且不断小心翼翼地调整我们的版面和试听内容去迎合他们的趣味，哪怕是低级点的趣味。为了赚取更多的“二次售卖”价值，我们需要不断捕获更多的注意力，不断扩大或者保住关系广告收益和媒体命运的目标受众群。我们甚至已经将受众研究的目光向人生的两个极端，延伸到了母腹和坟墓。我们担心受众的每一声叹息，关心受众的每一丝欣喜，小心受众的每一个眼神、每一次的举手投足，企图从中破译出能够“捕获”他们的密码。但是，关于传播者——记者的喜怒哀乐，我们却无暇顾及。

尽管从16世纪开始，在意大利的威尼斯就产生了“世界上最早的职业记者”，而1815年受雇于《察世俗每月统计传》的编辑出版人员梁发已经“是我国最早的记者之一”，标志着我国记者职业在华人中的出现。但是，我们对于记者的研究，特别是记者生存状态的研究时间却相当滞后，研究数量也相对稀少，研究力度和质量更不尽如人意。我们很难找到关于记者研究的起点，很难找到关于哪位学者、同仁最早开始研究记者以及记者生态的记录。关于美国记者研究的起源，黄旦先生在其专门研究美国传播者的著作中也认为“这一问题并不像初看上去那么简单”，即便同一研究者对这一问题的说法也“游移不定”。

在我国，记者研究的起源同样是一本糊涂账。我在做博士论文期间及在做关于我国媒介从业者生存现状与历史研究的过程中曾经设法想给这个问题找到一个答案，但是在以往的研究中很难找到蛛丝马迹。在这里我无意专门探讨我国记者研究的确切起源问题，但是从这一个问题我们也能看到我们关于记者研究的粗糙程度，也能看到关于记者研究在整个新闻传播学研究中的分量。毕竟，我们可以知道最早的报纸、最早的广告、最早的“新闻”，而且投入了那么多的考证精力与人力，仅仅“考证邸报是出现在汉代还是唐代就养活了那么多教授和博导”（引自某知名传播学者在2009年中国新闻史学会上的发言，因未征求其本人意见故隐去姓名）。但是，对于记者的研究我们的新闻传播学者显然没有投入那么大的热情。

关于新闻学研究中对于记者等新闻人物研究不足、见物不见人的状况，中国新闻史学研究的权威——方汉奇先生的话最有代表性：“新闻史人物的研究，尤其不被重视。……报纸是人办的，然而办报的人的活动，在新闻史上却很少介绍……一部几十万字的新闻史，除了有关报纸的记载以外，几乎不见人物的活动。能够幸运被提名介绍的人，屈指可数。即使有幸被提名介绍了，也叙述得十分简略。”（方汉奇，2003）

对于传播者研究的薄弱，知名传播学者黄旦教授也曾有过精辟的论述，众所周知，最早从结构上对大众传播过程进行概括的是拉斯韦尔的“5W”，即拉斯韦尔提出的构成传播过程的五种基本要素：分别是传播者Who（谁），Says What（说了什么），In which Channel（通过什么渠道），To Whom（向谁说），With What Effect（有什么效果）。可此后的研究并不是“5W”的均衡展开；相反，从一开始学者们的注意力几乎就都给予了效果和内容。“效果理论的发达和传播者——‘Who’的研究之薄弱，形成了鲜明的对照。”换句话说，从传播流程来看，完整的信息传播通常要经过“传播者—传播内容—传播渠道—受众—效果与反馈”这样几个阶段，传播者处在信息生产服务链的“源头”。但是，在新闻传播研究中关于传播内容、渠道、受众，以及效果与反馈的研究都十分丰富，唯独关于传播者的研究比较贫乏。

记者是新闻传播的主体，是新闻信息的加工“制造者”，但是并没有成为新闻学研究的主角，相反却出现了新闻学研究的“灯下黑”现象。其中原因，除了长期以来研究习惯上的偏差外，最主要的还是我们的新闻学研究已经形成了重实用、轻人文的功利倾向。我们的新闻学研究总是急于迎合各种各样的利益需要。研究者热衷于通过有商业价值的研究来实现自身的商业价值。如此一来，研究能够增加发行和广告效果的效果研究、受众研究，以及如何靠媒介内容来提升注意力的内容研究就开始丰富起来。此类实用主义的功利研究还有一种情况是为了适应我们现有的学术评价体系，那些越是边缘的、越是跨学科远缘杂交的、越是能够从其他领域借鉴并创造新名词、新领域的新闻学研究，越容易在各种权威刊物上发表、越能获得更多的科研赞助、越能在各种学术会议上获得掌声。由此导致现有的新闻学研究虽然各种千奇百怪的新闻学专著和分支学科越来越多，但是离新闻学核心、本质的东西却越来越远。产生新闻学研究不爱记者，爱边缘、爱效果、爱效益的“灯下黑”情况也就不足为奇了。

当然出现新闻学研究远离记者主体的研究现象还有一个可能的解释就是与记者在媒体和社会中的现实地位有关，即传播者是依附于政治或者经济组织并听从组织召唤的，这些组织的掌控者只需对他们发号施令就行，不需要对他们的行为需求过多研究。在这种情况下，研究者自然也就没有必要在记者研究上多浪费时间了。

高校新闻传播学招聘怪象

又到了一年一度毕业生求职和用人单位招聘的季节。高校新闻传播学院（系）作为培养新闻传播类毕业生的培养单位，同时也是新闻传播学专业高端人才的用人单位，其选人、用人标准如何，不仅对新闻传播类人才的培养水平有直接影响，而且对于其他新闻传播类用人单位的选人标准具有示范意义。然而，目前新闻传播学院（系）的招聘选人标准却存在诸多怪象。

怪象之一是崇洋媚外。很多高校不顾自身需求和人才培养特点，对于新闻传播人才一律将“有海外留学经历”奉为圭臬。如某高校招聘“领军人才”和“拔尖人才”的需求标准分别为“领军人才：年龄一般不超过45周岁，具有博士学位，有海外留学的经历，学术业绩突出，达到国家‘千人计划’‘长江学者’入选条件，或者已入选国家‘千人计划’‘长江学者’人选的”和“拔尖人才：年龄一般不超过40周岁，具有博士学位，有海外留学的经历，学术业绩突出，取得重要科研成果，具有申报‘长江学者’或者国家杰出青年科学基金者优先录用”。这等于直接将众多土生土长的“国产人才”直接拒之门外。

怪象之二是盲目攀高。一些新闻传播学院（系）在招人、用人上如果崇洋媚外心理无法得到满足，那么在国内人才使用上则盲目攀高，非“985”“211”不要。如某中部地区高校要求的新闻传播类人才必须是“海外留学归国、‘985工程’高校、中国科学院与中国社会科学院，以及特殊专业在国内属一流的高校博士毕业生”。一些自身并非“211”“985”的院校在选人标准上却也是非“211”“985”不“娶”。

怪象之三是年龄歧视。一些高校不仅要求新闻传播类毕业生来自“211”“985”，而且还设置出众多匪夷所思的各色各样的限制标准。最常见的是年龄标准，有的高校即使招聘博士毕业生也一律要求“年龄不超过

35 周岁”。如某部属高校招聘“优秀人才”就要求“年龄一般不超过 35 周岁，具有博士学位，学术基础扎实、具有突出的创新能力和发展潜力”。殊不知即使一个新闻传播类博士如果一直在学校从小学到博士读下去并能正常毕业，到找工作时一般年龄也已经 30 岁上下了，这对于实践性很强的新闻传播学类专业来说，等于人为地将那些具有多年从业经验的高学历人才拒之门外。

不仅如此，这种做法如果参照发达国家的用人标准，还属于用人歧视，是一种违法行为。然而，我们在新闻传播类人才的招聘过程中，诸如，博士“年龄不超过 35 岁”，博士后、副教授“年龄不超过 40 岁”，教授“年龄不超过 45 岁”之类的年龄歧视比比皆是。

怪象之四是出身限制。有的学校招聘新闻类毕业生不仅要求有博士学位或者副教授以上职称，而且对于一些高学历人才还要看其“出身”如何。不仅要看其第一学历是否本科，有的还要求第一学历必须也是“211”“985”高校，甚至还要求本科、硕士和博士所学专业应该“一致”或相近，也就是说本硕博均应为新闻传播学类专业，否则免谈。如中原某高校就要求“除特别注明者外，需求层次为博士研究生，并且第一学历为普通本科（毕业院校为‘211’高校)”。另一所中部地区高校则明确要求应聘者“本科、硕士及博士专业应一致或相近”。某西部一所偏远地区非“211”高校对招聘的硕士研究生也要求“必须是宁夏区外‘211 工程’院校、‘985 工程’院校、外语、体育、艺术类高水平专业院校、国家重点科研院（所）的毕业生”，且“应聘者的高等教育学历起点必须是全日制本科，且本科与研究生阶段所学的专业必须一致”。

殊不知，在 20 年前不仅没有“211”“985”高校，而且即便第一学历是“大专”也并不像现在这般容易。况且，新闻传播学本身也来源于其他学科，特别是传播学的几大创始人，无不是本、硕、博不一致且非新闻传播类专业出身，毕竟在他们创立传播学之前还没有这个学科。如果一味限制新闻传播人才第一学历必须是本科或“211”高校，专业出身必须一致，不仅违反了学科发展规律和实际，而且无异于作茧自缚、画地为牢。

怪象之五是程序烦琐。一些用人单位除了在学历、出身、年龄等方面做出诸多严格限制来画地为牢、作茧自缚外，还在招聘程序上设置诸多障碍。有的要求必须网上报名，但报名系统并不稳定；还有的要填写各种各样包括学历、工作、获奖、发表论文、出版著作、研究课题以及子女、亲属等众多烦琐表格，以致被戏称要招聘的不是人才而是“填”才。

怪象之六是重理论、轻实践。新闻传播学是一门实践性很强的学科，但是目前很多高校不顾实际一味忙于“建设高水平的研究型高校”，在选人、用人上忽视实践经验，只注重科研成果、学历高低。

此外，对于应聘人才，即使你符合这众多框框套套，耐心填完形形色色的表格，提供了各种各样的成果、学历复印件和原件，这还只是万里长征走完了第一步，接下来是否有近亲繁殖、裙带关系和其他招聘黑幕干扰还不得而知。

调整矫正高校新闻传播学院（系）的选人、用人标准具有多重意义。它既关系到新闻传播人才的培养，又关系到新闻传播学科的发展和走向，而且对其他用人单位还具有“风向标”性质的示范作用。一些有智识的高校应该及早调整招聘用人标准和模式，而不能自以为是、故步自封。否则，不顾实际，一味攀高求洋、作茧自缚，对新闻传播学发展和人才培养来说，无异于自掘坟墓。

顶级传播学者是怎样炼成的

人们通常把传播学之所以诞生于20世纪40年代的美国归因于战争、经济、社会等客观原因。

的确，美国本土远离战火、发达的经济使得学者能够潜心研究、创造，而欧洲战争动荡、纳粹迫害导致一大批欧洲学者为逃避战火来到美国这个当时算是“宁静的港湾”。被称为传播学“四大先驱”中的两个人——拉扎斯菲尔德和勒温均是逃亡到美国的犹太人。而且战争需要动员各种社会力量参与和支持、制造舆论打击对手自信、瓦解敌方阵营等的现实需求，也刺激了人们对于传播学研究的需求。对传播学诞生做出重要贡献的拉斯韦尔、霍夫兰、施拉姆等都曾直接参加了美国政府和军方机构的战时研究工作。

还有人把传播学诞生于美国的原因归结为当时的科技发展，报纸、广播、电影等传播媒介的发达，商业广告的发展，以及虚假宣传、色情暴力的传播负面问题的增加等促使了其他学科学者向传播学研究的转向。

这些说法都不无道理。但是，当大规模的战争早已远离，靠战争给某一个国家免费带来大批逃亡学者的“红利”早已消除，在传播科技仍然在全球范围不断向前发展及网络、手机等新传播媒介普遍性不断涌现的时代背景下，在世界各地的人们对传播的各种需求同时呈现不断增强的条件下，为什么传播学研究领先成果的产生、传播学大家的出现，仍然“垂青”欧美国家？而占世界人口四分之一、网络和手机等新媒体用户数量全球领先、新闻传播学教学点和师生数量均堪称全球前列的中国，始终没有具有世界影响力的传播学者和先进的传播理论？其中原因，看来并不是没有战争导致的流亡学者“红利”和传媒科技不如欧美国家发达这些简单的客观原因所能概括的。

其实，弄清传播学为什么诞生于美国，先进的传播学研究成果和知名的传播学者的产生为什么“青睐”欧美国家，最简单的办法无过于看看那些顶级的传播学者是怎样“炼成”的。

拿被称为传播学创始人的施拉姆来看，如果把他放在国内，他甚至很难获得一份大学新闻传播学的教学工作，更遑论创建传播学了。原因在于：施拉姆有先天语言缺陷。据《传播学史》一书介绍，施拉姆5岁的时候，他由于“一次不熟练的扁桃体切除手术”而得了严重的口吃。随着这种口吃的持续，身为律师的施拉姆的父亲甚至放弃了培养他儿子从事法律和政治事业的梦想。为了避免在公共场合讲话造成的窘迫，施拉姆在他的中学毕业典礼上，没有做告别演讲，只是用笛子演奏了一首曲子来代替。

20世纪30年代早期，施拉姆在衣阿华大学的辅导教师们考虑到他口吃，根本没有想到他能够教书。但是，最终凭借言语方面的治疗，或许也是凭借他对自己的表达能力越来越足的信心，施拉姆一点一点地克服了他的口吃问题，使教书成为他的终身职业。这其中除了施拉姆依靠个人毅力对语言表达障碍的不断克服外，不能不归咎于美国大学不拘一格降人才的包容性。否则，如果美国大学因为他口吃问题而将其拒之门外，那么美国很可能将失去这个传播学的创始人。

而被称为“用批判意识拥抱新媒介时代第一人”的批判学派代表人物麦克卢汉，如果按照国内现行的一些新闻传播院系的用人标准，他甚至也很难谋到一份像样的新闻传播学“差事”。原因在于：麦克卢汉学历出身混杂。这位传播学大家甚至没有受过任何新闻传播学的专业训练，哪怕是社会科学训练，麦克卢汉甚至在文学研究方面也只能算是“半路出家”。他先在曼尼托尼大学获得工程学学士和硕士学位，后来才转型成研究英国文学的硕士和博士。这种本硕博从工科到文科大幅度转型的情况，在国内一些专门要求本硕博均出自同一和相近专业的高校看来，很容易把他和专业基础不扎实等同起来，显然不会接纳他从事新闻传播，哪怕是文学的教学研究工作。

从传播学的产生、早期传播学创始人和后来的一些知名传播学者的经历来看，传播学的发展更多地依赖于宽广的其他学科的贡献，而不是少数自认为是在做传播学研究的人盲目地开辟各自圈出的狭窄研究领地。被称为传播学“四大先驱”的拉扎斯菲尔德是数学博士，拉斯韦尔是政治学博士，勒温和霍夫兰均是心理学专业出身，至于传播学的创始人施拉姆则是文学博士和心理学博士后。还有一位对传播学做出重要贡献的信息论创始人申农是电子工程和数学博士。正是这些看似和传播学无关的人创立发展了传播学。另一位同样对传播学做出重要贡献的控制论创始人维纳则是一位数学学士、哲学硕士和博士。而且，维纳还有“难以相处，一辈子和学院同事的私人关系都是忽冷忽热的”毛病。

也许正是美国早期传播学研究这种开放的环境和欧美国家对于传播学研究学者早就持有的“包容性发展”、不拘一格降人才的用人理念，才是传播学在美国诞生并在欧美国家发展的动力所在。这种“包容性发展”的理念而不是故步自封、盲目排斥个性和特色的做法，或许才是真正应该给中国传播学的未来发展不得不上的一课。

烂尾新闻与蛇尾新闻

建筑工程有“烂尾工程”，新闻报道也有“烂尾”新闻。所谓“烂尾”新闻是指媒体对一些事件的报道，开始时声势很大，但最终对事件的发展结果却不再关注，导致对一个连续发展的新闻事件的报道有头无尾，无疾而终。这种有头无尾的新闻借用建筑工程中的“烂尾楼”或“烂尾工程”术语，称为“烂尾”新闻。

现在这种新闻报道的“烂尾”现象并不少见，以致有的新闻同行发出这样的感叹：“矿难一来，就没人搭理疫苗了，孩子们于是不了了之；地震一来，就没人搭理矿难了，矿工们于是不了了之——年复一年、日复一日的新闻盛宴、悲剧不过就是人们解闷的新鲜谈资。新闻做久了，会觉得无比悲哀，我们打着良知的旗号，所作所为却如此功利。”

与新闻人有关的《河北青年报》副总编辑乐倩被打的新闻，就是一个比较典型的“烂尾”新闻。2009 年 11 月 21 日，《河北青年报》的常务副总编辑乐倩在自己的家门口遭到了不名歹徒的野蛮殴打，歹徒边打还边骂“叫你报！叫你报！”这件事发生后，国内众多媒体纷纷报道此事，引起了舆论的极大关注。事发后，河北团省委书记和一名副书记也立即赶往医院探望。表示要不遗余力地支持《河北青年报》的新闻报道工作。河北省公安厅也介入乐倩被袭案，警方专门到医院为乐倩的伤口拍照取证，表示定会全力以赴，侦破此案。河北省记者协会更是明确表示，一定会向相关部门建议，切实保护新闻记者采访报道的权利。但是事情时隔半年，最终结果如何却一直没有下文。笔者在网上查询此事的最新进展时却找到一条让人哭笑不得的“后续报道”——天冷了，《河北青年报》的小记者为被打副总编送围巾。

这样的新闻是典型的“烂尾”新闻。当乐倩被打的消息公开后，全国各地的媒体同行和社会人士都给予了极大关注，无不对暴徒的凶残暴行感到愤慨，对舆论监督的社会环境感到担忧，对事件最终发生的结果，包括被打副总编乐倩的康复情况表示关心。但是，事件最终发生发展情况却不了了之。如果是当初全国各地争相报道的乐倩副总编辑被打事件的主题出现了偏差，经过调查核实与事实有出入，不是因为舆论监督受到不法分子的报复而被暴打，那么媒体有理由给公众一个交代，及时更正错误，报道真相。如果当初的报道主题和事实准确，那么凶手是谁，为何而打，最终处理结果如何等受众欲知而未知的事实，媒体也应该给受众一个完整的交代。但是，事件的结果没有哪家媒体做进一步的报道，也没有人对众多关注事件、关心乐倩和当前舆论监督环境的受众负责。

按照认知心理学中的完形趋向理论，人都有追求完整的心理，人们对事物的感知总是趋向于整齐、规范、统一、完好，而力求避免残缺、凌乱、混杂、破损。“烂尾”新闻因为有头无尾、有始无终，给受众造成一种不完整的残缺心理，不仅造成受众认知上的不协调和心理上的不适感，而且还会导致受众对媒体评价的降低，增加受众对媒体的不信任和排斥感。

与“烂尾”新闻接近的还有一种“蛇尾”新闻。这种新闻虽然不像“烂尾”新闻那样有头无尾，但是即使有尾也是虎头蛇尾——开始报道时声势浩大，但是对于事件发展的结果或者原因追踪等后续报道却没有给予同等重视，有的甚至想方设法掩盖事实、淡化事件、敷衍受众。常见的手法是将一些不愿意公开而又迫于各种压力或者按照惯例不得不公开的事件结果、原因等后继报道掩盖在一些受众更加关注的新的新闻热点之中。这也是为什么当青海玉树地震发生后，山西矿难的救援结果虽然公开报道了，但是很少引人注意，也很少有人继续追究其中的责任和原因。

每当有一些新的关注热点、重大突发事件和众多喜庆消息集中发生时，也是被西方从事负面新闻包装和危机公关人士称为“埋葬坏消息的好日子”。他们会将一些对己不利的坏消息夹杂在众多好消息或者是受众更为关注的重大热点信息中“悄悄释放出去”，从而起到浑水摸鱼、大事化小、小事化了的效果。

国外有个叫曼西尼的学者认为：“报纸文章或电视新闻广播的最后定

稿是记者和政治家之间长期协商过程的结果。”“烂尾”新闻尾巴的有无和“蛇尾”新闻尾巴的大小，常常不取决于受众对事件发展的关切程度和信息需求，而是取决于是媒体与政治、经济等外部势力之间相互协商的结果。而这些新闻和媒体以外的外部势力决定了一些新闻事件的放大、缩小，决定了新闻事实的报道与否。而这些在新闻生产流水线“后台”的操作和过程往往是处在前台的受众不得而知的。

典型宣传思维下的新闻真假之辨

2014 年 8 月，备受舆论关注的救灾人员“浑水煮面”的新闻，最终以“浑水泡面”事实“属实”和《环球时报》的记者道歉认错而收场。但是，对于“浑水煮面”事件中相关新闻真实性的探讨并不能就此尘埃落定。从学理层面界定新闻的真实性，远远不像想象的那么简单，且单纯以事实是否存在作为界定新闻真实性的标准，并不是十分准确、合理。

为了更清晰地说明问题，我们不妨简单回顾一下“浑水煮面”事件的经过。2014 年 8 月 4 日下午央广网发布了《云南鲁甸震中龙头山镇食品匮乏 救援人员用浑水煮面》的新闻，消息通过连线国家应急广播《中国之声》的记者王远报道称：“据最新消息，震中龙头山镇的龙全中学目前食品匮乏，只能吃外面输送进来的泡面，地下水和自来水因为地震水质现在比较浑浊，目前救援人员只能用浑水泡面、做饭”，同时配发了两幅浑水煮面的照片。腾讯网在报道同样信息时，还配发了浑水淘米做饭的照片。该信息在网站和其他媒体广为传播。

2014 年 8 月 5 日晚环球网发布《环球时报》记者马俊的报道《救灾部队：浑水泡面不属实　勿轻信伤害前方士气》，可谓一石激起千层浪。消息称：“《环球时报》记者 5 日就此向前方救灾部队求证时得知这是一则假新闻。一名前方救灾部队的负责人向《环球时报》记者确认，经查证，没有发现救灾过程中出现相关情况。……他表示，前方救灾部队携带有净水设备，不会胡乱饮用不卫生的水。他呼吁，前方部队正在忘己的全力救灾，请后方不要误信这种别有用心的图片，以免伤害救灾部队的士气。”

2014 年 8 月 6 日，央广微博通过“多名记者证实救援人员用浑水泡面做饭”来回应环球网对所谓“假新闻”的质疑。在视频、图片和现场记者、群众的证言面前，《环球时报》有关部门认识到所发新闻的错误，由环球网要闻部副主任郝珺石署名发表了道歉信，称：“看了视频，部队确实吃了浑水泡面……错的是我，我取的标题轻易地否定了一切，部队不会吃浑水面是常识，但吃了浑水面也是事实。只有在中国，救灾部队才会吃下老百姓给煮的浑水面。”

从整个事件的发展过程来看，事情的真假似乎已经水落石出，真相已经不辨自明，恪守新闻真实性的水平高低也已自见分晓。毕竟央广网《中国之声》的记者身临其境的报道事实确凿（网上发布的部分照片是否有摆拍嫌疑姑且不论），而《环球时报》的记者并没有证据证明自己到过现场，只是通过向前方救灾部队求证的方式来断定人家新闻的真假，且这名前方救灾部队的负责人属于匿名信源，其是否看到过“浑水煮面”的报道，是否有发布信息的权威性均不得而知。单从这一点来看，就是采访不深入，作风不过硬的表现。出现新闻失实，不得不以道歉收场，一点都不为怪。

在我们习惯用“二分法”非黑即白的思维习惯面前，轻而易举地断定央广网的“浑水煮面”是真新闻，环球网的质疑消息是假新闻一点都不为怪。但是，事实并不一定等于真相，新闻报道的真实性往往并不容易简单判断。从某种程度上说，环球网的假新闻中不无真的成分，而央广网的真新闻中也不无假的一面。

具体来看，《环球时报》的记者虽然没有身临其境到现场求证，但是也不乏质疑精神和大局意识，而且也通过电话或邮件等采访方式，采访了前方部队的某负责人。相信部队负责人也从自身对部队装备和保障水平了解的常识出发，确实作过“前方救灾部队携带有净水设备，不会胡乱饮用不卫生的水”的表示和“请后方不要误信这种别有用心的图片，以免伤害救灾部队的士气”的呼吁。从这些事实来看，这些也都具有一定的真实性。

而央广网的“浑水煮面”报道，虽然确有其事，且证据确凿。但是，从宏观层面讲，这条新闻中的事实并不能代表我们救灾部队后勤保障的真实水平。这也是一些人看到该报道后，对我们军队后勤保障水平和以人为本的意识提出质疑以及为“浑水煮面”影响战士身体，为部队的救灾能力乃至作战能力，为灾民的生活环境、保障水平等而担忧的真实原因。

从辩证角度来看，任何事物如果不能从整体把握，而只是一叶障目不见泰山式的“管窥”都存在盲人摸象的嫌疑。这也是我们质疑“浑水煮面”虽然确有其事，但是否具有代表性，是否代表新闻的真实性的原因之一。

长期以来，我们的新闻报道在典型宣传思维的框架下，习惯于通过找个案、抓典型，或者是所谓以点带面的方式，而不是通过把握整体全局的方式和平衡、客观、全面的手法来报道新闻。这导致了我们的一些新闻报道往往只顾一点不及其余。新闻媒体不习惯于镜子似地真实反映事件的整个过程和全貌，而是人为选择一些他们愿意让你看到的东西，媒体成了聚光灯——照到哪里就哪里亮。有的媒体为了突出“高大全”和“主旋律”，还会刻意掩盖那些“矮矬穷”等不想让群众见到的东西。甚至一些媒体成了“哈哈镜”，肆意扭曲新闻真相，新闻成了随意打扮的小姑娘。在这些思维下，新闻真实性又从何谈起。

宣传严重变味的典型，我想赵树理先生在《李有才板话》中的一段关于“模范村”的顺口溜最有说服力——“模范不模范，从西往东看，西头吃烙饼，东头喝稀饭”。从新闻报道的真实性来看，如果没有从整体上把握，那么报道“吃烙饼”的笑话报道“喝稀饭”的，恐怕只不过是五十步笑百步而已。

新闻真实性的生动一课

对一些争议性的信息来说，其传播的广泛与持久程度往往与信息的重要、新奇程度和模糊程度有关。“挟尸要价”新闻的真伪之争，具备上述两个因素。

《挟尸要价》自2009年11月3日在《华商报》首发后，针对照片的质疑和褒奖也如影随形，接踵而来。虽然照片连连获得摄影评委们的青睐，先后获得2009年中国瞬间中国新闻摄影大赛一等奖、全国摄影艺术展记录类银质奖等多项大奖。但是，针对照片的质疑声也一直没有停息过。出现这种情况除了“挟尸要价”事件本身具有高关注度的价值以外，与摄影报道本身的真实性存在模糊性也有很大关系。

在2010年8月18日全票获得代表中国新闻摄影最高荣誉的“金镜头”年度最佳新闻照片奖之后，有关作品的真伪问题再一次成了舆论关注的焦点。

质疑者以长江大学宣传部部长李玉泉为代表，他先后以《“牵尸谈价”：不能不说的事实真相》和《一张假新闻照片，〈挟尸要价〉夺得中国新闻摄影最高荣誉》等博文指出了获奖照片“造假”和媒体解读有误。他的主要质疑点之一是，他认为着白色衬衫者手牵尸体挥舞手臂是指挥岸上的人们配合将尸体打捞上岸，结果媒体将打捞尸体者“牵尸靠岸”误读为“牵尸谈价”。之二是照片在《华商报》和《新京报》发表时署名为“真真”，现在获奖人为“张轶”，因此，他怀疑这两个名字可能用的都是假名。其他一些质疑者的主要质疑点还有，船头着白色衬衫的捞尸人不是刊发照片时的“陈某”而是王守海，以及打捞者并没有“漫天要价”，根本没有谈价的资格，直接要价的是岸上“八凌打捞公司”的业务负责人陈波。这些疑点恰恰是照片表现不清或者确实存在而普通公众凭借自身条件和能力又无法鉴别的、较为模糊的问题。这些带有模糊性的问题给事件真伪之辨的广泛持久传播插上了翅膀。

针对这些疑点，人民摄影“金镜头”组委会对于《挟尸要价》的真实性调查结果表明，照片反映的“‘挟尸要价’的新闻事件真实存在”“虽然照片中的主要人物王守海极力辩称自己没有开口要价，但其客观上参与了挟尸要价的过程，是这一行为的执行者……王守海作为当事人，虽然不是事件的主使者，但他听命于陈波，参与并执行了要价。”因此，“调查组认为《挟尸要价》的新闻是真实的，不存在造假问题”。

虽然“挟尸要价”已经被“金镜头”组委会调查认定为“真实的，不存在造假问题”，其他一些媒体调查也证明了新闻事实的客观存在。但是，这则图片新闻报道仍然存在一些瑕疵，而这些瑕疵最终成了质疑者质疑新闻真实性的“撒手锏”。比如，图片说明中称王守海误称为“陈某”，作者的署名真伪问题，以及原发图片说明与获奖图片说明不一致问题。特别是获奖图片说明中出现的直接引语“……说好的三万六，钱到位了再往上拉……我只听老板的”缺少直接证据问题等，虽然属于细节问题，但是对一个成熟的新闻记者来说，这些都是一些应该设法避免的问题。

真实是新闻的生命。新闻的真实性、准确性甚至被美国报人普利策视为“对于报纸就如贞操对于妇女一样重要”。从新闻的真实性内涵来看，新闻的真实性既包括新闻事件的整体真实，也包括细节真实。其中，新闻事件是否客观存在是判断新闻真实与否的主要依据。整个“挟尸要价”事件的真实性在荆州市政府所做的相关调查情况的通报中已经得到了证明，这也是“金镜头”评委会调查组认定新闻事实存在的重要证据。尽管整个报道还因为客观原因存在一些美中不足的瑕疵，存在部分细节上的失真，但是无法掩盖整个报道的整体真实性。

一些质疑者从细节上否定照片真实性的做法，除了存在想利用维护地方形象的借口来扼杀新闻事实的可能外，也存在一叶障目，只见树木不见森林的片面性。但是，通过“挟尸要价”的真实性之争也给我们的新闻真实性上了生动一课，那就是新闻记者在报道事实时不仅要做到事件整体真实还要注重事件的细节真实，在新闻真实性追求上要做到“准确、准确、再准确”。

我们都是网中的鱼

我本来是很有资格成为我国最早的一批网民，却阴差阳错错过了。差不多就在1987年北京的一家计算机研究所向世界发出第一封电子邮件“越过长城，走向世界”的时间，我已经在大学里开始学习计算机程序课——BASIC语言了。记得我当时对计算机和这门课都很感兴趣，至今还能清晰地记得教这门课的老师的名字以及我考试的大致成绩。我们的学校地处苏北，规模不大，基本上属于“矮矬穷”的层次，计算机机房用现在的话说却是非常“高大上”的地方。印象中连校长室都没有安装空调，那几台记不清是“苹果”还是“紫金”的计算机却已经享受上了。

然而在中国真正接入互联网的时候，我却落伍了。毕业后在苏北一座小县城里，开始了工厂化生存。当时很多中小国有企业正处在市场经济改革的暴风骤雨中，一大批打着地方国营旗号却没有市场竞争力的中小企业相继破产倒闭。不久我也因此进入下岗再就业的人员行列。在这种情况下，工人们谋生已经成了最大问题，计算机、上网对工厂和工人来说都是遥不可及的奢侈品。

互联网当时对我最大的影响是：我在为了解决生计问题“下海”创业，呛了几口水，扑腾了几下回头上岸后，想重操写作卖文旧业的时候，发现我已经深度OUT了。当年我从上大学时就练下的写“豆腐块”换生活费的手艺已经发挥不了作用了。不是我的写作能力退化了，而是投稿方式完全升级换代了。

没有互联网之前，作者给报刊社写稿、供稿的方式都是“原始”的手工作业。写稿工具是方格稿纸和钢笔，那时写作的人也因此把这种写作方式称为“爬格子”。后来有了计算机之后，一些有条件的人开始用计算机打字，也有一些专业卖文还没有条件买电脑的人，手写之后找打字社或亲友帮助录入电脑。但给报社投稿也还是通过邮局，把自己辛苦“爬格子”

后的手写稿，或者打印稿通过邮局寄给编辑。

在互联网开始逐渐普及之后，报社杂志编辑因为具有使用新技术的需求和便利，很快就告别了“铅与火”的传统生产方式，从排版、编辑到信息传递，很快一条龙式与互联网拥抱，而且从此难解难分。一些紧跟互联网发展的作者在长期与编辑建立起来的互动关系中，早已感受到了编辑生产方式和生产习惯的改变。在互联网时代抓住了新的机遇，守住了写稿卖文的新阵地。

可想而知，在投稿、编稿均已经通过互联网进入信息化的情况下，我还用传统落后的生产方式，还用碳素墨水钢笔在每页 300 字的方格纸上“爬格子”，还去邮局买邮票、买信封、写地址、贴邮票，还要盘算着一个信封里装几张稿纸才不至于超重，以便省下一些邮寄费。而当这封辛苦“爬格子”写作的稿件邮件，历经千山万水，通过邮递员寄到编辑手里的时候，那些在互联网里如鱼得水的网络写手早已将稿件通过“伊妹儿”“越过长城”甚至“走向世界”了。

像我之辈用传统手工打磨出来的稿子，通过毛驴一样的速度送到编辑手里，是否过了时效且不说。编辑在已经习惯了拥抱“光与电”，热衷于用互联网、计算机编稿、收稿的情况下，哪有心思再拆开信封来阅读。即使有一些年龄大些的编辑还没有习惯上网“冲浪”，甚至还喜欢用红钢笔或毛笔在稿纸上圈阅的保守风格的编辑，能够把这些信封打开，恐怕报社里也不再提供打字员专门帮他们录入手写的稿件了。在互联网刚刚兴起的初期，就这样砸了一大批没有及时跟上其步伐的写作者饭碗。

当我再次走进大学校门读研究生的时候，我才发现我已经被互联网抛弃了多远。当我那些“80 后”的靓妹帅哥同学们用笔记本上网、用 QQ 聊天打得火热的时候，我还不会打字，不说五笔打字，连拼音打字也困难。我不仅没有电脑，也没有 QQ 号，连电子邮箱也是别人帮我申请的。后来直到一年多以后我到报社半工半读做编辑的时候，一个作者帮我申请了 QQ 号。但是由于当时我没时间上网聊天，那个 QQ 号的密码也忘了。和这些一直在校园里的“80 后”同学相比，我当时的信息化水准似乎是刚从某个原始部落走出来的。

记得我第一次自己用电脑打字给中青报投稿，当时我借用同学的笔记本，利用他夜间休息的空闲时间，把一篇事先手写好的1000多字的文章输入电脑变成电子文本的时候，整整花了一夜时间。有的非正常拼音法输入的字，如“女”字根本打不出来。打字时间几乎是写作时间的数倍。

好在当时我的小伙伴们都是电脑网络高手，而且因为我同宿舍的三个兄弟都是学教育技术的硕士，而不是和我一个专业学新闻传播的，这使我这个网络和计算机盲享受到了跨学科的专业技术优势。他们不仅年轻，熟悉互联网和计算机应用，而且互联网和计算机还是他们专业研究的领域。当很多同学没有计算机只能到网吧和图书馆花钱上网的时候，我却可以免费到他们设施完善的机房去上网。

当我打字和网络技术还不过关的时候，我就把事先写好的文章请同宿舍的兄弟代劳，有时他们不在，还会请他们的女同学们代劳。一篇千把字的文章在他们飞快的手下，往往一气呵成，转瞬跳跃在屏幕上码成了一排排整齐的文字。我早期的一些评论文章就这样通过他们的代劳送到了编辑手里。

在他们的电脑空闲的时候，我也常常用他们的电脑练习打字。慢慢地我也开始熟练了这种机器化生产稿件的方式，从此告别手工化的原始生产方式，写稿事业真正步入了互联网时代。我不仅很快通过写稿解决了生活的窘迫问题，还置办了生产设备，用挣来的稿费买了一台二手台式电脑，开始了扩大再生产之路。

可以说，在我经历下岗失业，几乎是背着空空的行囊重新走进校园，期盼另谋一条生路的时候，是互联网给了我一线生机。我利用网络投稿、写稿，不仅很快解决了读书期间的生活问题，而且还有补贴家用、养家糊口的盈余。

在博士和博士后期间，我不仅因为专业关系一直关注互联网的发展，而且我还在江苏省政府网站做了近六年时间的编审和主管，多少成了互联网的行家里手。如今又在一所以技术见长的理工大学从事传播学教学、研究工作，看来这辈子铁定要和互联网打交道下去了。

回想这么多年，我曾经一度被互联网抛弃过。但是，我却又一直在追赶着互联网的步伐，有时因为研究需要，研究领域一度跑在互联网发展的前面。

联想到 2014 年上半年有一份研究资料显示，微信等移动互联网应用的出现使中国人人均少睡 1 小时。不管这个研究可信度如何，如今我们确实很难离开互联网了。如果说在互联网早期，网络和计算机还是主要用于生产、经营等实用目的，还是一种生产工具的话，那么现在互联网与我们的生活和交往，和我们的情感交流越来越紧密。互联网已经实实在在地和我们融为一体，变成我们离不开的生活工具了。

互联网时代，我们都是网中的鱼，谁也无法逃离。

后　记

年少时喜欢展望未来，年长时更爱回想过去。转眼，人生已过了不惑之年，回望走过的路，我从苏北农村一个农家少年，一路求学问、谋生存，直至今天能够迈入学术研究的门槛。其中艰辛，难与人道。

这本书的写作时间基本横跨了 2007 年到 2015 年初的大约 8 年时间。这 8 年时间是我在新闻传播专业学习和研究中不断求索进步的 8 年，也是我先在南京师范大学师从方晓红教授学习新闻学，后到南京大学师从张志强教授从事出版学博士后研究，直至 2010 年出站后到浙江理工大学传播系执教，从一个懵懵懂懂又无知无畏的学生，蜕变成一名专业教学和学术研究人员的过程。

新闻人与传播媒介的发展是我 8 年来一直关注的问题。这 8 年来恰恰是文化体制改革、新闻出版转企改制等关系新闻人和传播媒介发展变革的关键时期，也是新媒介技术快速发展，微博、微信等微传播媒体在国内从无到有并逐渐成长、成熟的时期。我把在这媒介制度和技术急遽转型变革期间，对新闻人和媒介发展所遇到的各种现实问题所做的研究和思考，大部分记录在这本书里。

略感欣慰的是，书中的一些观点，虽然提出时不免粗糙，但是经过时间的磨洗仍然不乏一定的前瞻性和创见性。如 2014 年 12 月国家有关部门才正式下文开始治理、整顿各类网站滥设地方频道问题，而早在 2012 年 6 月笔者就曾在《青年记者》（2012 年第 18 期）撰文《新闻网站地方频道应及早规范》。再如现在媒体上广泛使用的“烂尾新闻”一词，其实笔者早在 2010 年 5 月就撰写过《烂尾新闻与蛇尾新闻》一文，并借用建筑工程中的“烂尾楼”或“烂尾工程”术语来形容一些媒体因政治、经济等外部势力的压力而导致一些新闻特别是监督性新闻有头无尾、有始无终的现象，并称为“烂尾新闻”。该文在《青年记者》（2010 年第 15 期）发表后还被 2010 年 10 月出版的《杂文选刊》（上旬版）（2010 年第 10 期）转载。从现有的数据库检索来看，该文是最早使用“烂尾新闻”的文献。再如写于 2010 年的《为 3D 报纸把脉》、写于 2012 年的《手机终将成为“第一媒体”》等均较早地研究并把握住了新媒体发展变化中的一些新动向与新问题。

这本书的写作时间既处于我博士、博士后求学和初到大学执教的学术研究成长期间，同时也处于我在一家期刊和政府网站从事繁杂的新闻与政府信息采编工作的具体业务经验积累期间。受学识、经验、精力和能力所限，书中难免存在不足和失误，恳请读者批评与指正。

在本书即将付梓之际，感谢家人这些年对我求学和研究工作的默默支持，感谢在南京求学、工作期间诸位师友、同事给予的关心和帮助，感谢浙江理工大学文化传播学院及创意写作中心诸位领导、同事给予的关心和支持。

陆高峰

2015 年 2 月 9 日于杭州

参考文献

[1]白瑞华. 中国近代报刊史[M]. 苏世军,译. 北京:中央编译出版社,2013.

[2]北大新媒体. 拉登之死消息扩散回顾[EB/OL].(2011-05-02)[2015-04-26]. http://t.sina.com.cn/1711479641/ezymAIl7eTV.

[3]查德威克. 互联网政治学:国家、公民与新传播技术[M]. 任孟山,译. 北京:华夏出版社,2010.

[4]陈力丹. 舆论学:舆论学导向研究[M]. 北京:中国广播电视出版社,1999.

[5]程可. 微博客的盛夏[J]. IT 经理世界,2009(11).

[6]崔保国. 走进日本大报[M]. 广州:南方日报出版社,2007.

[7]大木康. 明末江南的出版文化[M]. 周保雄,译. 上海:上海古籍出版社,2014.

[8]戴维·迈尔斯. 社会心理学[M]. 侯玉波,乐国安,张智勇等,译. 北京:人民邮电出版社,2006.

[9]戴元光. 中国传播思想史现当代卷[M]. 上海:上海交通大学出版社,2005.

[10]E.M.罗杰斯. 传播学史——一种传记式的方法[M]. 殷晓蓉,译. 上海:上海译文出版社,2002.

[11]方汉奇. 方汉奇文集[M]. 汕头:汕头大学出版社,2003.

[12]方晓红. 中国新闻简史[M]. 南京:南京师范大学出版社,2009.

[13]方兴东,等. 微信传播机制与治理问题研究[J]. 现代传播,2013(6).

[14]风笑天. 社会研究方法[M]. 4 版. 北京:中国人民大学出版社,2013.

[15]顾理平. 新闻法学[M]. 修订版. 北京:中国广播电视出版社,2005.

[16]郭庆光. 传播学教程[M]. 北京:中国人民大学出版社,1999.

[17]胡正荣. 21 世纪初我国大众传媒发展战略研究[M]. 北京:中国广播电视出版社,2007.

[18]黄旦. 传者图像:新闻专业主义的建构与消解[M]. 上海:复旦大学出版社,2005.

[19]黄合水. 广告心理学[M]. 北京:高等教育出版社,2007.

[20]黄镇伟编. 中国编辑出版史[M]. 苏州:苏州大学出版社,2003.

[21]姜澎. 微博成公民网络表达新渠道 2013 年或进入成熟期[EB/OL]. (2010-12-29)[2015-04-26]. http://www.chinanews.com/sh/2010/12-29/2754872.shtml.

[22]居延安. 公共关系学[M]. 2 版. 上海:复旦大学出版社,2004.

[23]克利福德·G. 克里斯蒂安,等. 媒体伦理学:案例与道德论据[M]. 张晓辉,译. 北京:华夏出版社,2000.

[24]克利福德·G. 克里斯蒂安,等. 媒介公正:道德伦理问题真的不证自明吗?[M]. 蔡文美,等译. 北京:华夏出版社,2000.

[25]郎劲松. 韩国传媒体制创新[M]. 广州:南方日报出版社,2006.

[26]李彬. 传播学引论[M]. 增补版. 北京:新华出版社,2003.

[27]李良荣,等. 当代西方新闻媒体[M]. 上海:复旦大学出版社,2003.

[28]刘晖. Twitter:微博客时代的到来[J]. 传媒,2009(10).

[29]刘永丹. 基于 Netlogo 的微信群舆情演化模型实现[J]. 无线互联科技,2013(11).

[30]林语堂. 中国新闻舆论史[M]. 王海,何洪亮,译. 北京:中国人民大学出版社,2008.

[31]刘社瑞,张丹. 媒介人力资源管理[M]. 长沙:湖南大学出版社,2006.

[32]陆高峰. 谣言的生成与控制[EB/OL]. (2005-02-05)[2015-

04－26]. http://media. people. com. cn/GB/22114/44110/44111/3170244. html.

[33]陆地. 中国电视产业启示录[M]. 上海:上海交通大学出版社,2007.

[34]孟波. 新浪微博:一场正在发生的信息传播变革[J]. 南方传媒研究,2009(12).

[35]米切尔・J. 沃尔夫. 娱乐经济:传媒力量优化生活[M]. 黄光伟,邓盛华,译. 北京:光明日报出版社,2001.

[36]尼尔・波兹曼. 娱乐至死[M]. 章艳,译. 桂林:广西师范大学出版社,2011.

[37]让－诺埃尔・卡普费雷. 谣言(世界最古老的传媒)[M]. 郑若麟,译. 上海:上海人民出版社,2008.

[38]邵培仁,等. 媒介生态学——媒介作为绿色生态的研究[M]. 北京:中国传媒大学出版社,2008.

[39]石义彬. 单向度超真实内爆——批判视野中的当代西方传播思想研究[M]. 武汉:武汉大学出版社,2004.

[40]宋林飞. 西方社会学理论[M]. 南京,南京大学出版社,2004.

[41]斯坦利・巴兰,丹尼斯・戴维斯. 大众传播理论:基础、争鸣与未来[M]. 3 版. 曹书乐,译. 北京:清华大学出版社,2004.

[42]唐・R. 彭伯. 大众传媒法[M]. 13 版. 张金玺,赵刚,译. 北京:中国人民大学出版社,2005.

[43]童兵. 比较新闻传播学[M]. 北京:中国人民大学出版社,2002.

[44]维克托・迈尔・舍恩伯格,肯尼思・库克耶. 大数据时代[M]. 盛杨燕,周涛,译. 杭州:浙江人民出版社,2013.

[45]魏永征. 新闻传播法教程[M]. 2 版. 北京:中国人民大学出版社,2006.

[46]吴廷俊. 中国新闻史新修[M]. 上海:复旦大学出版社,2008.

[47]吴信训,金冠军. 中国传媒经济研究 1949—2004[M]. 上海:复旦大学出版社,2005.

[48]沃纳・赛佛林,小詹姆斯・坦卡德. 传播理论:起源方法与应用

[M]. 郭镇之,等译. 北京:华夏出版社,2001.

[49]向志强. 人力资本与媒介人力资源管理开发研究[M]. 长沙:湖南大学出版社,2006.

[50]肖东发,于文. 中外出版史[M]. 北京:中国人民大学出版社,2010.

[51]肖明超. 媒体称微博带来新话语空间裂变式传播信息[EB/OL]. (2011-01-16)[2015-04-26]. http://news.sina.com.cn/c/2011-01-16/004821821740.shtml.

[52]谢尔·以色列. 微博力·140字推爆全世界[M]. 任文科,译. 北京:中国人民大学出版社,2010.

[53]谢新洲,安静. 微信的传播特征及其社会影响[J]. 中国传媒科技,2013(11).

[54]谢耘耕. 传媒资本运营[M]. 上海:复旦大学出版社,2006.

[55]杨光斌. 政治学导论[M]. 3版. 北京:中国人民大学出版社,2007.

[56]姚福申. 中国编辑史[M]. 修订本. 上海:复旦大学出版社,2004.

[57]殷俊,孟育耀. 微博的传播特性与发展趋势[J]. 今传媒,2010(4).

[58]喻国明. 传媒影响力:传媒产业本质与竞争优势[M]. 广州:南方日报出版社,2003.

[59]张殿元. 中国报业传媒体制创新[M]. 广州:南方日报出版社,2007.

[60]张国良. 社会转型与媒介生态实证研究[M]. 上海:上海交通大学出版社,2007.

[61]张金海. 20世纪广告传播理论研究[M]. 武汉:武汉大学出版社,2004.

[62]张昆. 大众媒介的政治社会化功能[M]. 武汉:武汉大学出版社,2003.

[63]张志弘. 未来的数字传播[J]. 互联网周刊,2010(8).

[64]张志强. 现代出版学[M]. 苏州:苏州大学出版社,2003.

[65]郑保卫. 新闻法制学概论[M]. 北京:清华大学出版社,2009.

[66]郑杭生. 社会学概论新修[M]. 3版. 北京:中国人民大学出版

社,2004.

[67]中国互联网络信息中心.第33次中国互联网络发展状况统计报告[EB/OL].(2014－03－18)[2015－04－26]. http://www.cnnic.net.cn/hlwfzyj/hlwxzbg/hlwtjbg/201403/t20140305_46240.htm.

[68]中国互联网络信息中心.2014年中国社交类应用用户行为研究报告[EB/OL].(2014－08－22)[2015－04－26]. http://www.cnnic.net.cn/hlwfzyj/hlwxzbg/201408/P020140822379356612744.pdf.

[69]中华全国新闻工作者协会.中华全国新闻工作者协会发布《中国新闻事业发展报告》(全文)[EB/OL].(2014－12－29)[2015－04－26]. http://news.xinhuanet.com/zgjx/2014－12/29/c_133880855.htm.

[70]周宪.时代的碎微化及其反思[J].学术月刊,2014(12).

[71]祝华新,等.2013年中国互联网舆情分析报告[EB/OL].(2014－03－18)[2015－04－26]. http://yuqing.people.com.cn/n/2014/0318/c364391－24662668.html.